# 藍色

# 琉璃海

## 南太平洋的天堂祕境，帛琉

# 推薦序

對喜歡海的朋友來說，帛琉是天堂，蔚藍的天空、潔淨的海水，能在天堂工作，應該是天使才有的福分。Rachel 就有天使的福分，在海人的天堂工作。認識 Rachel 很偶然，第一次見到她只覺得這膚色健康黝黑的女孩好愛笑，笑得很燦爛很可愛很單純。這本書，Rachel 用她自己的視野，透過她與旅人的接觸與互動，重新詮釋帛琉這塊太平洋上的美麗淨土，以如同她笑容般單純直接的語言與筆觸，說給每一位愛海的人聽。

**李景白**

《水下三十米》/
《瘋台灣》製作人

# 推薦序

對於帛琉的第一印象，得把時光倒回 2013 年，當時飛機都還沒落地，我便被陽光所折射的一抹碧藍給喚醒，於是我把帛琉命名為「深藍的思念」。從那次起，我便經常在創作中用上這個帛琉印象的詞。

帛琉的美，無需我來強調，因為它早已舉世聞名！但在那片大海中，永遠令我思念的，是令我稱羨的 Rachel，她自由奔放的笑容、一口大白牙、放肆大膽的笑聲，還有她穿著一雙白色蛙鞋自在徜徉在大海的身影，好似一條人類最新發現的海洋新品種，都讓我難以忘懷。

我對 Rachel 的第一印象是，身材超好，標準陽光型，顏質 80% 以上的小女孩，根本已經是我的收視率保證了，言談過後，果然是個隨性自在，沒有太多「為什麼」與「矛盾」的人，甚至沒有過多包裝性的偽裝行為，給人感覺就是一個舒服！

我愛帛琉，因為有 Rachel 用自由的視角領導我們去深深感受在地文化的趣味性。這本書，無論您看見的是一位美女的照片，還是細讀她對帛琉生命的體會，相信您都會體認到自由的可貴，正如我作為一個導演，不管接下來的藝術之路該怎麼走，這 4 年來我執著地用我在她身上意識到的「自在的方式」，在商業娛樂圈與藝術堅持中，尋求一個夢想續航力的平衡點。

「輕便奢華，是現代潮流，而隨心所欲，才是頂尖卓越」，這是我在離開帛琉拍攝最後一天的清晨……當時的心境，也是我從天堂回到現實，所著墨於創作的思考，而體現出這種隨心所欲的頂尖卓越者，正是我在帛琉見到的 Rachel。

**紀倪君**

《愛玩客》導演

# 自序

自從 2011 年騎腳踏車環島回來之後，我和幾個朋友就好想寫一本書。在環島的過程中，我們經歷過好多好多事情，遇到好多人事物，很想用一本書把這些記錄下來，但後來因為大家各分東西，有人上研究所，有人去工作，所以這件事情就不告而散了。

一直到了我去到帛琉當導遊，從 2011 年到現在也已經超過五年的時間。發現帛琉是一個天堂般美的地方，熱愛大海的我一直離不開這塊土地，每天與海為伍，看著客人從不敢下水，到後來捨不得上岸。看來帛琉的美，吸引的不只是我，還有許許多多愛海的人。有些客人從原本還在談戀愛時就來過帛琉，到結婚度蜜月還是選擇帛琉，等到生了小孩之後一樣帶小孩來帛琉玩。這樣的回頭客，在帛琉可是非常常見。帛琉的七色海、水母湖、大斷層，是許多人魂牽夢縈永遠都忘不了的，被譽為一輩子一定要來一次的地方。

但可惜的是，這麼美的地方，每次我想請客人去書局找找關於它的旅遊書，所看到的都寥寥無幾，甚至只有一兩本而已，出的還只是明星的寫真集。真正介紹帛琉的書，比起其他國家的介紹，好像真的少了很多很多。

來帛琉擔任導遊五年的期間，我用文字和照片記錄下了許多生活的感動。有很多帶團時與客人之間的互動，與自己的對話，從當地人身上得到的靈感等。希望可以藉由一本書把它統整起來。這不會是一本旅遊工作書，而是寫我在當地的生活，我在島上的感動、成長，還有很多好玩的故事，藉由文字和照片呈現出來。讓大家可以透過我來認識帛琉的樣子。

帛琉這麼美的地方，總覺得不介紹給大家，實在太可惜了！

## 前言

# 帛琉，你到底在那裡？

“Where the hell is Palau?”

第一次踏上這座島嶼是在 2011 年的年底，我永遠都忘不了。

飛機行駛在黑暗之中，準備要降落時，往窗外看去，我看不到一點路燈在街上。「TNND，我們不會是要迫降在海上吧？！」

「雖然朋友跟我說過帛琉是一個落後的地方，但也沒有這麼落後吧？」帶著忐忑不安的心情，心裡一邊咒罵著。就在機長踩緊煞車滑行在很短的跑道上時，我平安地到達了這個陌生的國度。一個人，拖著一個大行李箱，這是我第一次來到帛琉，這個讓我之後深深愛上的國家。

帛琉，對於有來過的人來說，腦海裡所浮現的應該就是，每天出海很累的行程、很多漂亮的珊瑚礁和熱帶魚、很清澈的海水、很可愛的水母、很爛的網路 WiFi、有賣很便宜的 Häagen-Dazs 冰淇淋，還有不少已經成為 FB 朋友的帛琉導遊。

對於沒有來過的人來說，容我在這裡用簡單的數字介紹一下。

「帛琉共和國」——被譽為一輩子一定要來一次的潛水天堂。

- 獨立紀念日為 1994/10/1
- 總人口數約 20,000 人
- 地理位置在北緯 7.5 度
- 溫度約 26 ～ 32 ℃，長年夏天
- 土地面積約 444 平方公里
- 總共有 586 個島嶼組合成帛琉群島
- 發現大約 746 種魚類
- 發現大約 13 種鯊魚
- 馬路上平均車速為 40km/hr
- 一罐可樂 $0.85 美金
- 吃一頓飯 $10 ～ 15 美金
- 店家打烊時間為晚上 10 點
- 旅行天數大約需要 5 天
- 從台灣華航直飛約 3.5 小時

如果以上這些數字滿足不了你的話，那讓我們試著用一個形容詞來形容帛琉。對我來說，帛琉是一個非常「任性」的國度。

先從「任性的氣候」開始說起。

帛琉屬於海島型氣候，當老天心情不好時，賞你一塊烏雲，頭上馬上就會下起傾盆大雨。但通常下不了多久，就會雨過天晴，換成破涕為笑的太陽出來擁抱你的肌膚。這時乾淨的天空頓時出現了七彩顏色，一道彩虹映在天空上，美麗極了。像是拿了支色筆，在

蔚藍的天空上任意塗鴉。我愛她鮮明的個性，也愛她的任性。因為她的任性，帛琉的氣象預報從來都沒有準確過。

帛琉的人民也是「任性的族群」。

以慢活為主的生活模式，他們從來不會在意外人的眼光。

從在海關檢查行李時就可以發現，手動式地打開行李箱，慢慢一樣一樣地檢查，不管時間多晚，也不管客人有多少，從開始到結束，全程一律都是慢動作模式，常常會有很多遊客受不了他們的速度，但這就是帛琉人的慢生活。帛琉的醫院也是六日休息的，如果運氣不好，不小心在週末生病的話，只剩下急診室可以看病。要去領藥的時候，才發現任性的藥局六日也是休息的，只能等禮拜一了。任性的帛琉人通常生活得很快樂，想唱歌的時候唱歌，想喝酒的時候喝酒，週末該休息的時間也不會因為要賺錢而犧牲自己的娛樂時間。因為沒有比較的心態，也就不用在乎其他人的眼光，活在當下，

今朝有酒今朝醉的心態，成為他們任性的本錢。

來帛琉旅行，當然你也可以是一個「任性的遊客」。

你可以任性地不接手機、任性地拒看 FB、任性地不回 LINE 的訊息，拒絕一切的 3C 產品，讓自己重新回到原始人的生活。反正在帛琉手機收不太到訊號，WiFi 也是慢得可以，就算想回訊息也不一定能夠發得出去。（後來大部分人都直接放棄了，哈。）

在帛琉，你可以任性地晒太陽，任性地淋場大雨，都不會有人管你，因為所有人都是這樣。你可以盡情地出海浮潛玩水，玩到忘了今天是禮拜幾，也不管現在是幾點，等到肚子餓了才願意上岸。然後可以大口地吃龍蝦螃蟹，大口地嘗試當地生啤酒。

在這裡，人人都可以耍任性。

# 目錄

## 在帛琉的海裡，玩耍 112



## 在帛琉島上，出走 202



## 關於帛琉國的事 Q&A 278

# 在帛琉的太陽下長大

# PART 1

00

# 我的工作？

「你好，歡迎來到帛琉！我叫 Rachel，我是你的當地導遊！」

這總是我和客人見面時的第一句話。

帛琉是一個以海底風光著名的島嶼，導遊最主要的工作就是帶客人出海浮潛。除了要親自下海帶領客人，介紹海底的萬種風情之外，最重要的就是要照顧好每一個人的安全。（畢竟水上活動有一定的危險性，安全一直是最高原則。）

除了出海，帛琉導遊也包辦了其他瑣碎的事情，包括接送機、飯店 Check in、中午上島煮飯、帶晚餐、逛街、按摩、夜釣、送宵夜、喝酒談心、市區觀光，還要應付客人冷氣不冷、馬桶阻塞、和女朋友吵架、陪小朋友玩等等的疑難雜症。所以我說，帛琉導遊的工作其實是一個兼顧體力及腦力的挑戰。

難怪來玩過的客人都會跟導遊有著堅定的革命情感！

很多人會好奇我在帛琉的工作內容是什麼？

接下來的內容有關於我帶團的故事，還有這裡的生活經驗，希望能讓你們透過這些故事，更深入了解並且跟我一起愛上帛琉這塊土地。

再來，我必須感謝 PIT 帛琉國際旅社把我培訓成一名專業的帛琉導遊，如果沒有 Tony 哥與 Amy 姐的栽培就沒有今天的我。

# 01 神啊！請許我一些好客人吧！

我一直覺得導遊是一個很神奇的職業，我們會遇見形形色色、各式各樣的客人。我們帶的客人沒有特定的族群，只要是想出來玩的人，我們都有可能會遇上，從社會的各個階層，一直到各個不同的職業。每次拿到團體名單時，就像抽籤一樣。從來猜不著這些從飛機上走下來的客人是誰，長什麼樣子，有什麼樣的身世背景。

Rachel 曾經帶過的客人有億萬富翁、企業大老闆、一點也不低調的名流政客、一般的家庭主婦、山東大媽的姊妹檔、身上刺龍刺鳳的角頭老大、帶小三不想被發現的有錢人、度蜜月卻演變成分手劇的男女等，現在回想起來，有好多有趣的事情。

這時候請你想像一個畫面：

個頭很小的我正在機場接機，手上正拿著點名板，正等著客人出來……。

朝我走來的是一群彪形壯漢，當他們圍繞在我身邊時，瞬間我就消失在視線中了。他們左青龍右白虎，用那張檳榔顏色的嘴，操著滿口台灣國語的口音：「阿妳就是我們導遊喔？」

在場的導遊都為我捏把冷汗，還故意用誇張的唇語說：「祝你好運！」

這代表我抽中壞籤了嗎？

跟其他國家不同的是，行程以出海為主的帛琉，導遊全都要身兼浮潛教練。每一個浮潛點都要帶著客人下水，從 3 歲到 80 歲，全部都一個一個帶下海。浮潛教學完了之後，學會的人就可以自己輕鬆地浮潛，如果還是很怕水的人就手抓著浮板，由導遊在水裡帶領著前進，一樣可以欣賞帛琉美麗的海底景色。也因為這樣，帛琉導遊通常都會跟客人有更深厚的感情，可能是在水裡曾經都有共患難的情誼吧！我猜。

還記得我剛剛講過的那些角頭朋友嗎？他們也不例外地要出海下水浮潛。等快艇駛出碼頭，奔馳在太平洋上時，我發現，原本一開始在他們臉上兇猛的樣子全都沒了，眼神中反而露出小孩看到新玩具時的閃耀光芒。看吧！這就是我說大海讓人著迷的地方。

等開到浮潛點，船停了下來，我最擔心的時刻來了。我該怎麼帶這些大傢伙下水？老方法，先浮潛教學！沒想到這些大傢伙平時看起來兇猛的樣子，一下水之後每個都跟小綿羊似地乖巧，緊緊手抓著浮板，照著我一個口令一個動作地學浮潛，可以想像一群大男人圍著浮板很緊張的神情嗎？我在心裡一直憋笑著，但臉上不敢表現出任何一絲的神情。才過沒幾分鐘，有一個人就先開口說話：「Rachel，我們累了可以先上船了嗎？」我很努力地把他們帶上船之後，每個人在船上都喊手酸腳酸的，我又好氣又好笑地說：「應該是我比較累吧？」他們都笑著說：「嘿啦嘿啦！哩熊搞！阿我們就都很怕水咩！不過這個海金價五告速一！」後來我發現他們其實一點也不恐怖，反而很可愛呢！

每個導遊對於好客人的定義都不太一樣，有些人認為會花錢的客人就是好客人，有些人覺得只要是正妹的客人（？）就是好客人，而我想大部分的導遊都會喜歡乖乖聽話的客人。

但對我來說，什麼是好的客人？

好的客人是從超市逛出來之後，問你要不要吃冰淇淋的人。

好的客人是當你送他們回飯店時，他們會跟你說「辛苦了」的人。

好的客人是受人幫助之後，會不吝嗇地說聲「謝謝」的人。

好的客人是會把導遊當成寶、當成朋友的人。

我曾經遇過好多好多帶給我美好回憶的客人們，常常收到你們寄來開心的照片、溫暖的文字、親手寫的小卡片、或是小禮物，這些東西都讓我很感動，到現在我都把它當寶物收得好好的。還有很多還在保持聯絡的好客人們，沒辦法一一列出你們的名字，但是都很謝謝你們。

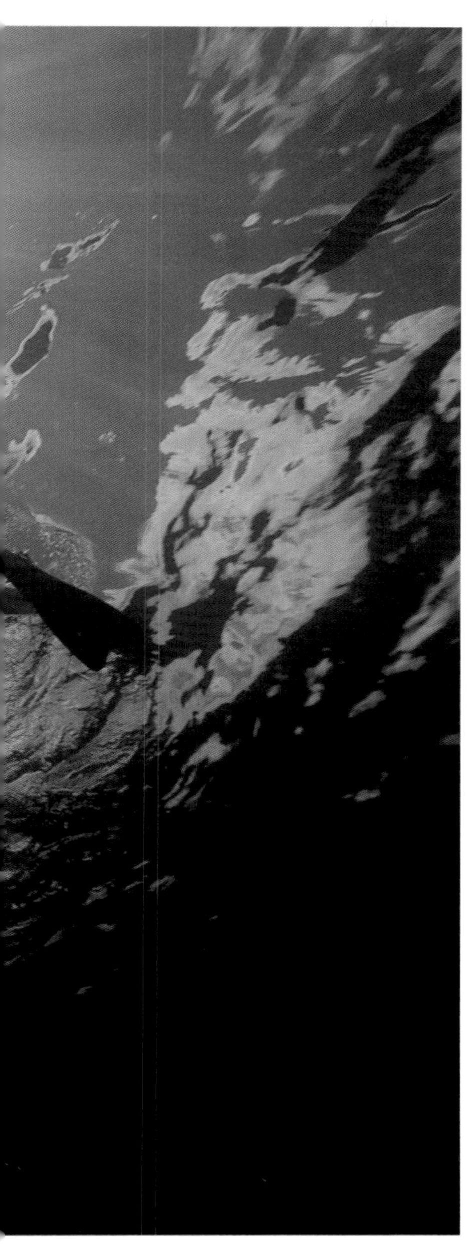

客人們，請千萬記得，導遊是服務你的人，並不是服侍你的人。

一個好的導遊身上是有很多知識任你去挖掘的。他了解當地的人文，精通當地的民俗風情，還有很多的小道消息或是好玩的故事經驗可以分享。導遊是一個可以幫你在當地處理掉很多不方便的事情，讓你這趟旅遊更順暢、更開心的人。聰明的客人知道和導遊交朋友，不聰明的客人則喜歡把導遊當小弟小妹使喚。

我喜歡遇到好客人，每次遇到好客人的時候，帶團起來非常地輕鬆自在。可以跟客人一起玩得非常開心，回去之後一個個都會變成好朋友。所以每次帶團前我都像在抽籤一樣，想在內心多呼喊幾次，神哪！拜託讓我遇到好客人吧！偶爾遇到不好的客人時，會氣餒、想發飆或是生氣想罵髒話。但事後想想，也不能怪他們，正因為有這些壞客人，讓我更珍惜自己遇上的好客人呀！

## 02 66 歲也能牽著手浮潛

帕勞（帛琉）群島是很多人夢寐以求的度假天堂，她的美景大多藏在海底，被稱為上帝的水族箱。這裡是太平洋最純淨的海洋生態系統之一，日軍新水道、美人魚公主花園、萬象珊瑚區、牛奶湖、藍色珊瑚礁、大斷層、鯊魚城、水母湖、七彩軟珊瑚、百年干貝城，景觀之壯闊，不得不讚嘆大自然的鬼斧神工。水母湖是傳說中世界唯一的無毒水母湖，湖很深，我們進去浮潛，一隻隻可愛的水母出現在我們眼前，牠們非常可愛，多到充滿在你的身體周圍，可以用手輕輕地摸牠們柔軟的身軀。我們跟成千上萬的水母一起游泳，你能想像是怎樣的感覺嗎？我喜歡把牠們捧在手心裡，用手指輕輕觸碰牠們的「小蘑菇頭」，心裡蕩漾無語。

我們的團隊是一群善良、可愛的小夥伴。導遊瑞秋是一個訓練有素，充滿服務熱情的陽光導遊，是我們最愛的親人、朋友，對每個人都是無微不至的關懷，不是親人卻更似親人，讓我們百分之百地享受到在帕勞旅遊的快樂、安全。每一天帶給我們的都是感動與震撼，再見了我們心愛的小導！期待有機會再一次與水母、珊瑚、魚兒共舞，與我們最愛的導遊相會。

帕勞我們會再來的！瑞秋我們會再見的！

中國北京
謝家琦、殷素知

這是我見過最可愛的一對老夫妻，回家前他們留給我這一封信，讓我每每看了都覺得心頭非常暖和。

她總是仔細地幫他把臉上的防晒抹勻；他幫她把潛水衣的拉鍊拉上，小心地別勒著她了；她用手幫他梳理頭上灰白的頭髮，提醒他要戴上帽子防晒，他笑笑地回應並且為她穿上了鞋子。兩個人手挽著手，一起走過水路到沙灘上休息。這是一對令所有團員都羨慕的老夫妻，我們都稱他們為殷老師和謝老爺。

殷老師是已經退休的大學講師，謝老爺則有著豐富的人生經歷，正準備寫一本自身的回憶錄。兩人頭髮白蒼蒼的，臉上永遠帶著笑容，手牽手走過了幾十個國家，走過了冰天雪地，也擁抱了熱帶的風情，腳印隨著他們的年紀踏上了中國各個省分，這次手牽著手來到了帛琉浮潛，準備一探海底世界的美麗。

第一天在機場接機見到他們時，我心裡百般地忐忑，不斷地在考慮是否要帶他們下水，直到他們倆信誓旦旦的說，他們很想下水嘗試看看。他們說曾經走過的國家裡，沒有一樣事情是他們不敢嘗試的，既然來到了帛琉，不下水怎麼行！

幾天下來，兩人的手都緊抓著浮板跟在我身旁，一樣是把所有的浮潛點都玩遍了，水母湖、牛奶湖、大斷層、干貝城、鯊魚城……，沒有一個浮潛點偷懶不下水。組成這一團的其他團員，大部分是年輕的夫妻、情侶，每一對都自嘆不如，如果有一天我們活到了這個年紀，還能有這種勇氣，有這種深厚情感，帶著牽手五十年的老伴走遍世界各地嗎？

所有團員們都很好奇他們的祕密是什麼，為什麼結婚了將近五十年的時間，還可以把感情維持得這麼好。都不會看對方看到膩嗎？殷老師在回答這個問題的時候，不經意地露出小女孩戀愛般的神情說：「老爺一直都對我很好，只要是我想要的，他從來都不會拒絕。」老爺雖然看起來嚴肅刻板，但他總是對老婆百般依順：「有個快樂的老婆，就會有快樂的生活。」

到現在我們還是一直保持著聯絡，殷老師常常關心我在這裡帶團的狀況，也不斷發他們出去玩的照片給我看，看著他們倆的身軀走上高山、平原、城市、鄉野，我的心裡總是激起一陣一陣的漣漪，如果他們都做得到，還正年輕的我們為什麼不行呢？殷老師總是提醒我，趁年輕的時候能多去旅行就多去旅行，不要等到年紀大了之後，沒體力了哪裡都去不了，好好珍惜每個當下，好好珍惜身旁的人，因為誰也不知道，明天會發生什麼事情，對吧？

# 03 來場聖誕比基尼 PARTY ！

通常提到聖誕節，大家腦海中浮現的應該是街上人們穿著厚厚的羽絨服，雙手戴上手套，脖子上緊緊地圍著圍巾，不斷地呵氣。在下過白色大雪之後，聖誕老公公穿著紅色棉襖，發出宏亮的笑聲準備發禮物！這時候的背景音樂一定是各式各樣的聖誕音樂。

可以想像在帛琉這個赤道旁的國家，我們是怎麼過聖誕節的嗎？

沒有大雪，沒有身穿厚重的聖誕老公公，只有陽光、沙灘、比基尼。由於帛琉的天氣長年都是處於在 26 ～ 32℃，一年四季都是夏天（也稱不上四季，應該是一年一季，因為只有夏天），就連 12 月的聖誕節也不例外。當聖誕節的擺飾搭配上豔陽高照的大熱天，就會形成很有趣的對比。

這時候還在帶團的我，腦中早盤算著讓客人來玩個難忘的海上聖誕節趴。

在聖誕節的前一天晚上，吃完晚飯準備去市區逛街的時候，在巴士上，我拿著麥克風，一本正經地宣布了隔天出海浮潛的注意事項、集合時間、攜帶物品，並且在最後補上了明天出海的服裝穿著規定：「為了慶祝聖誕節，明天出海的時候，每個人身上都要穿有紅色、綠色的衣服，或是帶有聖誕節的配飾。」

當時巴士上的客人都露出半信半疑的表情，心想導遊一定是在開玩笑。沒想到我再次強調：「明天中午我們會上無人島票選，如果穿著不合格，下午到鯊魚城就會被犧牲，要被丟到海裡餵鯊魚！」

（帛琉真的有個名叫「鯊魚城」的浮潛點，專門看鯊魚的！）

當他們看到我認真的表情時，似乎都被我這個無理的要求給說服了。我猜他們心裡一定想著：「沒想到只是跟團出來玩而已，居然還有這麼多嚴格的規定啊？」這次下車之後，沒有人再浪費時間買 Häagen-Dazs 冰淇淋了，全都認真去找明天的聖誕服裝。（我想我一定是全世界最無理的導遊了！哈哈哈！）

有一對很逗趣的情侶，女生在認真地想想過後，問我說：「如果我打我男朋友一巴掌，他臉上是紅的算不算？」我笑著說：「當然可以，但你要確保他的臉會紅到明天出海的時候，不然明天你還要再補好幾巴掌給他。」當時全車的人都被他們給笑翻了。說實話，其實我也很緊張，一直滿心期待著明天客人的表現，晚上在床上翻來覆去地睡不著覺。

聖誕節當天，當我把所有客人一一從飯店接出來，巴士正緩緩地行駛向出海碼頭，並沒有任何人提起關於聖誕服飾的事情，包括我，就像什麼事情都沒發生一般，大家都默默地坐在座位上。但這時候我其實早已經瞄見有人藏在包裡的服裝了，心裡不禁偷偷地雀躍起來。

規定是要在出海時把這些服裝穿出來，所以等到了碼頭的時候，所有人都把自己精心設計的服裝穿了出來，甚至還帶著下水浮潛！可憐的新導遊 Jonny 被我裝扮成聖誕女僕裝，船長也硬是被我帶上了麋鹿角，開著船帶我們出海！沒想到這群可愛的客人居然全程配合我的要求，紅紅綠綠的聖誕顏色，讓我們變成了全帛琉最有聖誕節氣息的船，有點威風又有點搞笑地航行在海上。

在沙灘上吃飯的時候，為了要票選，大家都把自己的祕密武器拿了出來！（沒想到大家真的都是有備而來。）有人自己用別針別了聖誕小領帶，有人帶了聖誕帽，還有人為了合格，把紅色的大毛衣都拿出來在沙灘上穿了！導遊們也不遑多讓，扮成聖誕老公公、兔女郎讓客人們拍照。在沙灘上的其他人都用好奇的眼神看著我們，但還是有很多人開心跑來跟我們合影留念。有些還問我們是不是被派來沙灘上助興的表演團體，需不需要收費？

最後這個聖誕節的結局是，沒有人被丟下海餵鯊魚，而是跟一群才剛認識的新朋友，一起過了一個永生難忘的帛琉式聖誕節。大家原本只是為了滿足一個無理的要求，而一起做了很瘋狂的舉動，沒想到效果居然不錯！每次這種無厘頭的要求總讓我覺得新奇且興奮，而且客人總是會配合我耶？真是太感謝你們了！下次萬聖節時，我們再一起來場沙灘 Party 吧？

FIT

# 04 妳願意嫁給我嗎？

其實 Rachel 從來沒求過婚，而且也還沒被人家求過婚，所以不太清楚求婚這件事情是要怎麼搞的。但是如果把求婚的橋段設計在美麗的帛琉，我想 99% 的女孩子應該都會說我願意吧！（至於剩下的那 1% 如果真的發生的話，肯定就是你自己搞砸了。）

這次接下的八人精緻小團，比起往常二十多人的大團體，應該會簡單得多。原本以為可以輕輕鬆鬆，不費吹灰之力就可以快速解決的，萬萬沒想到這群人可是讓我挑戰了人生當中的許多第一次。

首先，這是一群長住在日本的中國人。

在我拿到團單的時候，一眼就瞥見好幾個日本名字，像是「坂井永治」、「KISHIDA MAKOTO」等等。心想：「死定了！日本人？我又不會講日文，怎麼辦啊？」心中不斷祈禱，拜託一定要有幾個是會講中文的，可以當我的翻譯。

「你好！」在機場見到他們的第一面時，他們有禮貌地握了我的手，並且跟我打招呼。謝天謝地！他們會說中文！頓時我鬆了一大口氣，解決了語言上的問題，接下來基本上就沒什麼困難的！在了解他們都是在日本帶團經驗豐富的導遊之後，突然覺得好像又不是這麼輕鬆了，滿滿的壓力瞬間已經壓上我的肩頭了……「導遊團」如果帶得好的話，會玩得比誰都還要瘋狂好玩。但是如果稍有分神，畢竟都是同行的，很快就會被識破。如果客人不好相處的話，要找我麻煩都是很容易的。

這幾天就是一個「導遊帶導遊玩」的節奏嘛！

我一如往常地賣命演出……。

沒想到，就在某一個晚上，他們又給我出了一個難題：「求婚」。

其中一個男孩告訴我，他帶了求婚戒指，希望我能幫他在帛琉完成一場浪漫的求婚。不僅要讓女主角很感動，並且要在大家眾目睽睽下見證他們的愛情。

叫我這個沒有任何經驗的人來主辦，還真讓我傷透了腦筋。但是這幾天大家一起玩下來，我知道大家都很隨興，很好配合而且很愛玩。古靈精怪的我，馬上靈機一動，決定要在隔天的沙灘島上辦場尋寶大賽。一邊開車去買玫瑰花和氣球，腦中一邊盤算著要如何瞞著女主角，幫他們設計一場深刻難忘的求婚。（當然還要讓女主角可以百分之百 say yes ！）

▲任務一：找到我們船長，對他說「I LOVE U」，並合照，他會給你下一關的提示。

▲任務二：請幫助 Rachel 尋找一只遺失在沙灘上的白色蛙鞋，並歸還給她。

晚上回到家時，把所有的紙條都寫好，並且在腦中把所有的流程全都跑過一次，心想著應該會成功吧？最後再跟其他團員確認一次明天需要他們配合的地方。眼睛閉著，卻怎麼都睡不著，怎麼不是我的求婚，搞得我也這麼緊張啊？

重要的時刻終於來臨，中午上無人島午餐時，我藉故離開桌子。快速地把紙條塞給船長，千交代萬交代，絕對不能太輕易地讓女主角拿到下一關的指示。然後很捨不得地把我自己的蛙鞋放在沙灘上一個顯眼的地方，並黏上了下一關的題目。過程中我還不斷地回頭看了好幾次，就怕有哪些不知情的遊客把我的蛙鞋拿走了，或是把紙條給撕下來了。最後去烤肉區的柱子上貼了一張很明顯的紙條，並請在旁邊的導遊幫我看著，別讓紙條飛走了。把前一天買好的氣球貼上紙條，用一個大的黑色垃圾袋包著，偷偷交給男生組，讓他們去沙灘的另一頭做準備。

「吃好飽喔！我們來玩點遊戲消化一下好了！」

當所有的事情都就緒之後，我跑回到桌子旁邊。

其他人當然也在前一天的演練下，很配合地嚷著想要玩遊戲。

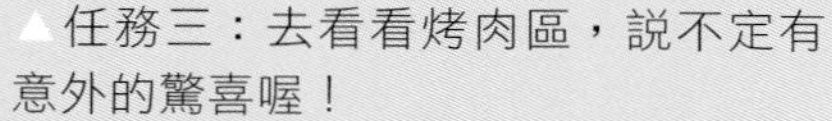
▲任務三：去看看烤肉區，說不定有意外的驚喜喔！

▲任務四：氣球下面有屬於你的東西，希望你能把它帶回家，並好好珍惜它。

我宣布了遊戲規則，並分別交給兩隊不同的紙條，規定要在每一個關卡都要拍照留證才算過關。我則自願幫女生組拍照，為的就是要拖延女主角的時間，好讓男生組有充裕的時間可以準備。

解散過後，兩組分別往沙灘不同的方向走去。

沒想到第一關的船長，居然抵擋不住美色的誘惑，輕輕在他臉上一吻，馬上就拿出下一關的紙條了！？

（啊？？剛剛交代你的都跑去哪了？？？）

接下來就是要找蛙鞋的時間了，其他女生跟我故意把女主角往反方向的盡頭帶去，讓她在找蛙鞋這關上耗費了不少時間。最後順利找到蛙鞋時，其實我也鬆了一口氣，好險我的蛙鞋可以平安回到我身邊了！

當我們得到下一個提示，到烤肉區去找紙條時，男生組這時就跑出來搗亂了，一直跑到我們身邊問我們的進度到哪裡了，問有沒有找到的東西。這時候我們知道男主角已經準備好了，順手指了一下，紙條好像在柱子上耶？女主角順利拿到下一關的提示：「請去尋找氣球下屬於你的東西。」

▲任務五：嫁給我吧！！

放眼望去，沙灘的另一頭有幾顆氣球綁在一棵矮樹上，飄阿飄的……。

女主角先是尖叫了一聲，所有人往氣球那跑去。把氣球上的紙條拿下來之後，女主角雙手摀住了嘴，紙條上寫著大大的四個字；「嫁給我吧！！」

這時男主角出現了，他拿著玫瑰花並單膝跪下，沙灘上畫了好大的一個愛心，愛心裡面寫著「Marry Me」。男主角對著她唱完了一首情歌，並從口袋掏出已經事先準備好的戒指問：「妳願意嫁給我嗎？」

「我願意。」女生手上拿著氣球，輕輕低下頭並小聲回答。

「聽不到！」眾人起鬨著。

「我特別願意！！」這時候女主角大聲地說出！

他們相擁相吻。這時沙灘上圍觀的人們全都鼓掌叫好。

沒想到在他們求婚完之後，偷偷的告訴我，他們要自願放棄後面所有的行程，就想要兩人獨自待在飯店裡面。大家都笑他們應該是自己又在房間裡求了一次婚吧？周圍的人全都被他們的幸福給感染著。這場求婚大作戰，就在炙熱的陽光下，男女主角雙雙被丟到海裡，圓滿成功！

# 05 關於裸晒的經驗

關於裸晒，你有多少經驗？

「痾……只解開上半身算不算？」

「上次差一點點成功，但好怕有人經過。」

「瘋啦！！！裸晒幹嘛？？？？？？？」

R
34

我就有好幾次裸晒的經驗，但不是在天體營的那種沙灘啦！（雖然我非常想嘗試！）其中一次是在峇里島的私人 villa 裡，一次是在馬爾地夫的水上屋，但大部分的經驗還是在朋友家的頂樓和我家的頂樓。（不知道這樣算不算經驗豐富？）

為什麼要裸晒？很多人一定會覺得莫名其妙。「叫我晒太陽都不要了，更何況是赤裸裸躺在太陽底下，像煎荷包蛋一樣？ No Way ！」

這就是我在旅行過後，發現東方人和西方人的想法差異了。

西方國家的審美觀，認為一個美女應該要有健康的古銅色肌膚，加上豐腴的臀部線條，才能稱為 sexy lady。但大部分東方人的想法是「一白遮三醜」，女生白皙的肌膚吹彈可破，加上纖細的身材，讓人想保護、照顧她一輩子，這才叫好老婆。（我媽咪也因為我晒黑，罵了我好幾次，但了解我的工作性質之後，她就放棄了！）在帛琉常可以看出很明顯的區別，東方女性喜歡出門撐傘防晒，西方女性卻喜歡在沙灘上晒到紅腫脫皮長斑。

但是這也只是概括地來說，一定還是會有些人的看法不同的。

我就是一個例外，我很喜歡晒太陽。

喜歡陽光灑在肌膚上那種暖暖的、甚至有點微微發燙的感覺。特別是下水起來之後，我一定會跑到船頭去晒太陽。那種溫暖，像是每個毛細孔都慢慢地張開了，我覺得太陽正在給我力量。我崇拜太陽，這麼説好像有點誇張，但如果有一個信仰是信奉太陽的，我一定會是太陽的信徒。

好，言歸正傳，為什麼要裸晒？

每次當客人看到 Rachel 黝黑的肌膚，必問的問題就是：「Rachel，你是一直這麼黑嗎？」而我總是會開玩笑地回答：「你真的想看我白的地方嗎？」（同時帶著詭異的笑容。）

就是因為我這麼愛晒太陽，每次只要帶團完回家身上都會黑了一個色階。我的背、肩膀、手臂，全身都晒得紅通通的，只有幾個地方是永遠不見天日，晒不到太陽的，就是我胸前的兩個三角地帶，還有我的白屁股！！常常在洗澡時看到鏡子裡面的我，臉黑屁股白的，總是會為自己的屁股抱不平，為什麼你就沒有權利晒太陽呢？

### Rachel 的貼心提醒

- ★ 最好選擇帶有防晒成分的助晒油，避免晒傷。
- ★ 時常補充水分。
- ★ 先下水過後再晒太陽，顏色會上得更快。
- ★ 上頂樓要記得要鎖門。

於是就開始了我第一次的裸晒……。

第一次的裸晒是在朋友家的樓頂。那是一個開放式的平台，據我觀察，這棟樓的高度比其他附近的樓層都還要高，所以應該是陽光充足又很安全的地方，沒問題的。我帶了兩條海灘巾、一罐助晒油（椰子油）、一頂帽子、一瓶水，跟我朋友打了招呼，就往頂樓走去。

上樓之後環顧四周確定沒人，把頂樓門關了，找個小角落開始把衣服脫了，塗了助晒油，趴在我的海灘巾上面開始晒太陽，暖暖熱熱的。還沒感覺到我的屁股發燙時，就不知不覺地睡著了，直到一記開門聲把我從夢中驚醒！

我聽到了一個男人上了頂樓的聲音，是我忘了鎖門嗎？

「怎麼辦？我應該出聲說我在這嗎？還是應該趕快把衣服穿了假裝沒事？還是就賭他不會走到這吧？」千萬個聲音在我腦中迴盪著。

最後我決定圍著浴巾走出去了，反正總比趴在那等死好。

一個穿著白色背心的中年美國男人，他看到我，愣住了，連忙說 sorry，很不好意思地趕緊走開。在他走了之後，我也趕緊穿了衣服下樓，深怕我在頂樓被姦殺之類的事情發生。後來跟朋友聊到這件事情總是覺得好笑，搞不好那個美國男人還比較怕我是神經病呢！

這是我第一次裸晒的經驗，就在幾分搞笑幾分驚恐的結局下落幕。

後來回家發現我的屁股不但沒晒黑，反而晒傷了。

痛得我之後的好幾天都是站著帶團的。

06

# 和當地人一起吃檳榔

對帛琉人來說，吃檳榔是一種全民運動，不管男女老少，全部都愛吃檳榔。

檳榔對他們來說像是一種口香糖似的，吃完一顆還要再來一顆，嘴裡似乎沒有嚼著東西就感覺不太對勁。所以常常會看到人手一袋，有可能是用塑膠袋、防水盒或是小草編包，裡頭裝的就是他們自己包檳榔的用具。

在帛琉，每個人都知道怎樣包檳榔。

Rachel就曾經問過帛琉人，如果有一個檳榔西施專門包檳榔賣，你們會買嗎？船長給我的答案居然是：「如果有美女在包檳榔，我們一定會圍在旁邊看啊！反正看又不用錢！但是檳榔我們還是可以自己包。一邊包一邊看嘍！」

（哈哈哈！這果然是帛琉人的標準答案啊！）

帛琉的檳榔跟台灣的檳榔不太一樣。帛琉的檳榔很大顆，質地比較粗糙，並不像台灣的品種，有分幼仔、青仔之類的。（帛琉人覺得大顆可以咬比較久，比較划算吧！）

用小刀，或者是用牙齒把檳榔對半剖開之後，裡面的心大部分人會把它去除掉，比較不會苦澀。再來會加上一點石灰粉、葉子，最特別的部分是他們最後會加上菸草，夾著吃。這種菸草就是我們一般抽菸的菸草，對半折了之後，就直接跟著檳榔一起放入口中咀嚼。問他們為什麼加菸草吃，答案是因為這樣吃比較辛辣，較符合當地人的口味。檳榔吃久了之後味覺會慢慢退化，自然就會越吃越重口味。

▼ 剛從樹上摘下來的檳榔

就連 Rachel 有時候在天氣冷又出海的時候，也會嚼一兩粒檳榔，因為吃檳榔會有讓身體發熱的效果，可以讓我在雨中比較不會這麼冷。但是我從來不加菸草進去一起吃，因為那對我來說實在太重口味了！聽船長說過，之前曾經有客人想要嘗試，結果吃了之後，就頭暈目眩倒在地上。所以平常不吃檳榔的朋友，還是不要輕易嘗試帛琉檳榔。

檳榔的更進階版是在雅浦（Yap）、波納佩島（Pohnpei）這些密克羅尼西亞群島的島國。

Rachel 就曾經在雅浦嘗試過當地的檳榔，大部分的做法跟帛琉一模一樣，但特別的是在他們的菸草。雅浦的菸草會裝在一個小鐵盒裡，看起來濕濕潮潮的，一問之下，原來是前一天浸泡在 VODKA 酒裡面！因為一般的菸草已經不能滿足他們的口味了！

我就在想，如果哪天就連浸 VOKDA 的菸草都不能滿足他們之後呢？會不會直接把菸草換成「……」之類的啊？好吧！這個等我下次體驗過後再告訴你們！

在 Rachel 長期觀察下來，帛琉人吐檳榔汁也是另一個絕技。

如果不想要弄得滿嘴都是，又不想要弄髒自己的車子或船，怎麼辦呢？

在長期吃檳榔的練習下來，我發現他們只要輕輕地把嘴唇閉起來留個小縫，用兩隻手指頭壓在自己的嘴唇上，就可以輕易射出一條完美的直線，既不會弄髒自己的手、嘴，也不會有任何殘留在車門或是船身上。

這種技巧是到目前為止我怎麼學也學不起來的，堪稱絕技阿！

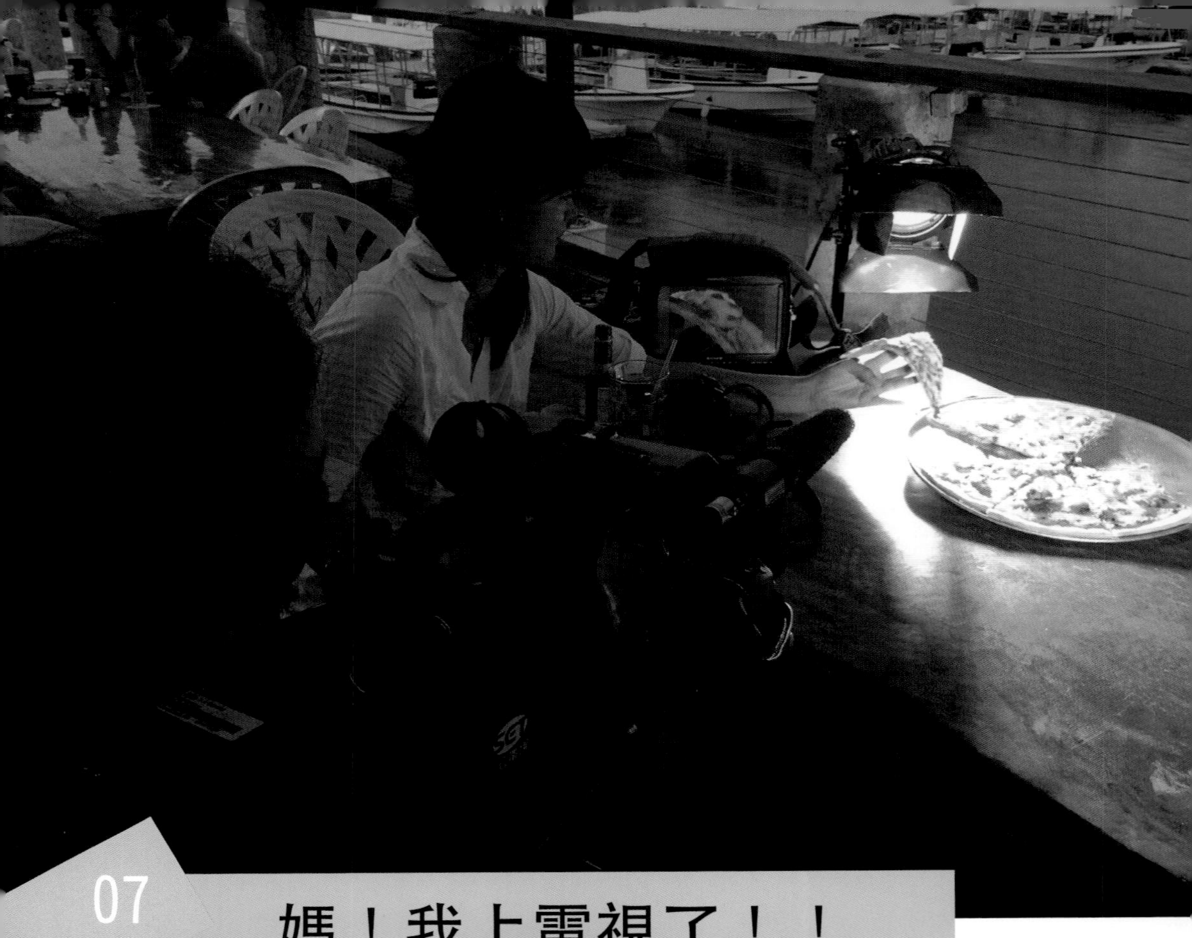

# 07 媽！我上電視了！！

收到三立電視台企劃小飛的訊息時，我還在台灣逍遙地放大假。嘴裡啃著派克雞排，手上拿著珍珠奶茶，看著訊息上寫著:「我是《愛玩客》的企劃，希望能邀請你擔任帛琉外景節目的導遊。」手上的雞排差點沒掉到地上，真的是找我嗎？

我從來沒上過電視節目，也沒有接觸過什麼電視圈的人，長相也就一般般，在鏡頭前面也不會搞笑説話。「我？上電視？真的行嗎？」

眼看離他們計劃去帛琉場勘的日期就剩沒多少天了，我卻才剛回台灣休假而已，怎麼辦？要放棄我的假期嗎？而且我真的有辦法勝任嗎？回到家之後必須馬上找老媽好好討論一下這件事情……果然不出我所料，老媽是第一個拍手贊同的！（老媽其實從小就一直支持我做我想做的事情。）

「這是一個好機會啊！就去試試看啊！」其實從小時候，我就有一個夢想職業，想當旅遊節目的外景主持人！（雖然自己說起來也覺得有點害羞。）如果可以像我的偶像 Janet 或是 Rima 一樣，在鏡頭面前用幽默又可愛的口吻介紹各地的風土人情，真的是一件很棒的事情。她們總是能歌善舞，熱情大方地跟當地人混在一起，有著強壯的體魄、健康的笑容和肌膚。每次看到她們在鏡頭面前開心的笑容，總能讓我也跟著開心起來。

好，回歸正題。雖然這也不是讓我去當什麼節目主持人什麼的，只是做好我原本的工作，當一個帛琉當地導遊，帶著主持人吃吃喝喝玩玩就好，但至少好像離夢想近了一點點……。（這點也足夠讓我興奮很久了。）

最後，想都不用想，我當然是為了拍攝提早結束休假回帛琉啦！

場勘的日期因為我還是趕不及回去，拍攝團隊先到達帛琉，由另一個導遊帶領先進行所有的拍攝規劃。第二次《愛玩客》到達帛琉正式拍攝時，我已經在帛琉等候他們大駕光臨啦！四個人的拍攝團隊，再加上兩位主持人——詹姆士、趙小僑。由於在台北時已經先見過一次面了，所以當我在機場接機時，一眼就認出導演和攝影師，當然，主持人就不用說了。（電視上早就看過，早就算是認識了，只是他們不認識我而已！）

帶所有人上巴士時已經是晚上 7 點，原本想說他們應該就進飯店休息了，隔天才會開始進行拍攝。沒想到簡單放了行李之後，他們馬上就要趕到第一間餐廳開始拍攝，由此可知他們真的是來工作的，不是來玩的。（但真是的，人家身上還穿著接機的制服耶……哈哈！）

在拍攝之前，企劃就已經告訴我，《愛玩客》來帛琉的拍攝主要是以當地美食為主。需要我規劃幾間比較道地的餐廳，並找一個當地人家，用當地食材，讓詹姆士大顯廚藝一下。重點就是要讓主持人在短短五天之內，吃遍帛琉所有的美食！安排行程、餐廳這些事情對我來說全都不是難事，但是令我疑惑的是，主持人要如何在短短五天內吃完這麼多餐廳啊？

除了出海上島吃飯、在當地人家做飯、在飯店吃 BBQ 的行程之外，在五天內還要安排上八間左右不同的餐廳讓兩位主持人去嘗試。他們到底是如何讓自己一直保持在飢餓的狀態？還要在鏡頭面前表現得津津有味，並一邊介紹著食物的做法及美味的啊？

事實證明我的擔心真的是多餘了。

兩人不但真的把所有行程內的餐廳跑完，而且確確實實地把所有菜色都嘗試過一遍。敬業的他們可以在中午吃完一桌的 BBQ，下午馬上接著吃十人份的無敵大漢堡，晚上再去嘗試不一樣的印度佐料。即便我在旁邊看到都覺得好飽了，主持人還是可以一口接著一口把東西往嘴裡放，見到食物端上桌時，就要表現出見到情人般的欣喜若狂。（不愧是專業的！）以前總羨慕美食主持人，可以一邊玩一邊吃遍全世界，但在我現在看來美食主持人真的不是人幹的。

在拍攝的過程當中，身為他們的導遊，我有時也被要求入鏡頭講幾句話，或是坐下跟著主持人一同吃飯。但是說實話，從頭到尾我都很緊張，第一次面對著攝影機，不知道該說什麼話才對，所有的表情都非常不自然，連旁邊的帛琉人都看出來了，一直不斷地笑我。

當詹姆士在介紹食物的美味時，小僑就會接著說話，一搭一唱的，有一定的默契存在。除非主持人引導我說話，否則其他時間我都是露出我一慣的笑容，就害怕打亂了他們的順序。所以如果在電視上看到我的話，應該都是傻笑吧！

在真正參與過一次電視的拍攝之後才知道，原來每一次短暫的畫面都需要經過長時間的拍攝及等待，確實很辛苦。而《愛玩客》的攝影團隊們也真不是蓋的。從場勘、企劃一直到正式拍攝，整個團隊也才四個人，再加上兩個主持人，總共六個人就要完成整個外景拍攝，陣容並不像我們想像中龐大。所以有時候大家都會身兼多

職，就連攝影師也要入境搞笑一下，導演、企劃都需要出來幫忙消滅食物。看他們在巴士上不是在討論拍攝行程，就是在補眠。工作量雖大，看著他們似乎甘之如飴地在工作，很是佩服他們敬業的態度。

謝謝阿倪、小飛、高爺、芋圓、詹姆士、小僑。

這是我第一次上電視的經驗，雖然不知道自己在電視上面看起來是不是很傻，但是當小飛告知我什麼時候台灣會開播的時候，不管看起來如何，心裡想到的第一件事情就是要告訴我媽。「媽！我上電視了！一定要準時看喔！」

（原來，上電視的時候真的會想告訴媽媽啊！）

偷偷告訴你們，後來其中一個攝影師結婚了，蜜月還是帶老婆來帛琉啦！果然帛琉就是有這種魔力，一直吸引著所有來過的人們。

在短短的五天當中，帶著愛玩客，我們做了很多一般遊客不會做的事情。

- 我們在跟政府申請過後，踏上了皇家島（Ngemelis）。在島上我們大踩腳印，發現了好多有著花紋的「沙錢」，土人帶著我們砍椰子麵包吃。
- 我們在 Rose Garden 餐廳挑戰了十人份的無敵大漢堡，雖然最後沒吃完，沒拿到獎金 168 美元，但也是心滿意足了！
- 我們帶著土人出海打魚。在鯊魚島（Ngermeaus）上，自己找木材，生火烤龍蝦，吃生魚片。
- 我們深入北島土人媽媽的家。土人帶著我們用籠子抓紅樹林螃蟹，詹姆士大秀廚藝——「辣炒咖哩蟹」，好吃得連媽媽都想偷學。
- 我們到市中心最熱鬧的酒吧 Mingles，挑戰 16 杯帛琉特調，最後喝完每個人都獲得一件紀念 T-shirt。
- 我們從帆船頂樓跳水，船長用小快艇載著我們飆船。
- 我們開車深入小巷，在當地人的民宅區，找到一間神祕的小酒吧——「Jungle Bar」。裡面賣著當地人喝的「紅公雞生啤酒塔」。
- 我們在印度餐廳「Taj」，老闆為我們介紹了 20 ～ 30 種令人眼花撩亂的不同印度佐料。

如果想要看完整的內容，或是我的痴呆臉的，請上網搜尋：「愛玩客 帛琉」

# 08 在海裡尿尿？

不知道你們有沒有過像我一樣的經驗？

炎炎夏日迫不及待想要衝到海邊，當下水痛快地游泳時，不知道是剛剛水喝得太多了，或是海水太冰涼了？突然湧起一陣尿意，來的又快又急。如果這時候回到岸上，還要游一段距離，上岸之後又要沾了滿腳的沙子，廁所又在遙遠的遠方，回來之後可能又錯過和朋友的歡樂時光。

想著想著，腦中的惡魔已經戰勝了天使，乾脆就在海裡尿吧！而就在不知不覺中解放之後，內心又燃起一股內疚感……因為記得被教導不可以在游泳池尿尿，很不衛生而且很不禮貌。

但是請聽我說！其實「在海裡尿尿」完全是一件合情合理的事情！

美國化學學會曾經研究過尿液與海水的成分比例，人類尿液有 95% 由水組成，裡面還含有鈉離子和氯離子，與海水的成分非常相似。海水和尿液也都含有鉀，因此尿液不會對周圍的海水成分有大的影響。甚至尿液裡的氮，與水結合會產生氨，反而會成為海洋植物的養料，這意味著尿液對海洋有好處。只要不在密閉的區域或是保護的海域裡尿尿，都是可以被接受的，只要你身旁的同伴不介意的話。所以，看著看著，有沒有開始被我說服啦？（笑）

來到帛琉之後，在海裡尿尿已經成為我的生存必備技能之一。

快艇出海一整天，船上又沒有廁所，如果不能在海裡解放的話，那不是要憋死了？！所以在一次、兩次、三次偷偷的練習過後，現在的我已經練成可以在無形之中，一邊踢動蛙鞋，一邊神不知鬼不覺地釋放暖流的絕世武功。

在潛水界裡流也傳著一句搞笑的話：「Can’t pee in the water, can’t be a diver.」

水下尿急是每一個膀胱正常的潛水員都會遇到的問題，每每在潛水船上休息的時間，導潛都會把樓梯放下海裡，並說：「Toilet Open!」這時候就是你下海尿尿的時候啦！

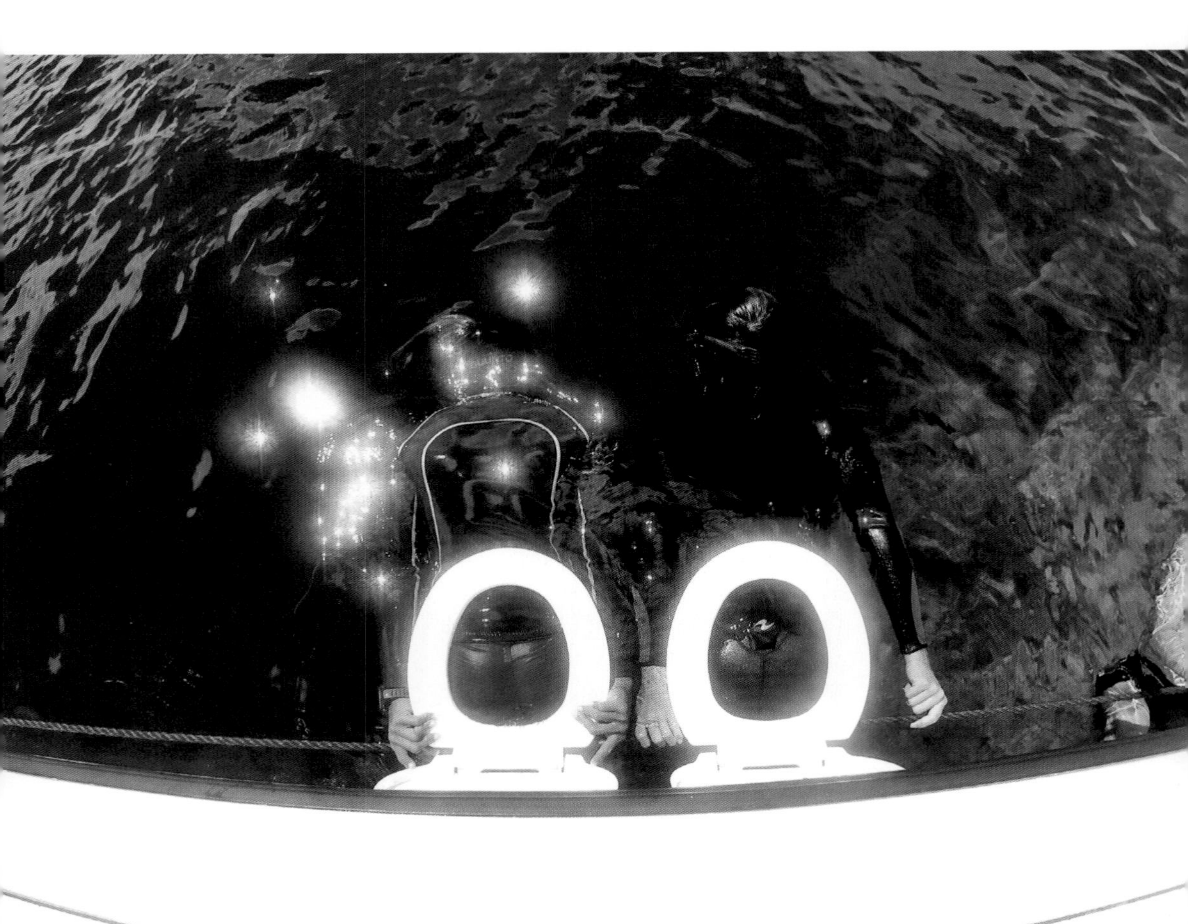

雖然浮潛不像深潛受到更多大海的壓力，也千萬別認為這是一件很簡單的事情。因為 Rachel 在帶團的過程中，真的遇到有多人就是無法在海裡自由解放。試想在踩不到底的深海裡漂著，無法扎下馬步，身上穿著的救生衣又緊勒著你的褲襠，再加上水裡的壓力，要隨心所欲地釋放出來真的是不容易啊！

每次憋到最後受不了了，一定會有人哭喪著臉求 Rachel：「拜託帶我去廁所吧！」這時候我一定會一臉奸笑，並把手指向大海，我們最天然、最美麗的廁所！這是一個讓自己身心靈都回歸大自然的好機會！

如何在水中自在解放教學：

步驟一：面向遠方。（才能放鬆心情。）

步驟二：面帶微笑。（就沒人知道到你在做什麼。）

步驟三：聚精會神，丹田用力。（衝過去，就很爽快了。）

只要遵循以上三步驟，大部分人馬上就可以暢通無比啦！

如果真的無法做到以上步驟，可以先練習蹲在淺淺的海水裡，或是蹲在船的梯子上，記得要面帶微笑，假裝在看魚。只要你早上沒有吃 B 群，應該都不會有人發現的啦！當你將雙眼微微閉上，眼神呈現放空狀態，就可以感受到猶如見到上帝般的喜悅。

啊？你問如果是「大的」怎麼辦？

雖然不常遇到這種情況，但這個通常需要更高超的技巧。

首先通知你的同伴，告知你要解放一下，讓他在附近等你。（如果你不想要大家上船之後就丟下你的話！）接下來尋找一個有利地形，通常敵明我暗不容易被發現的地點。測好水的流向，面朝頂流的方向，以免沾到。再來像尿尿一樣直接拉嗎？不行！得先把救生衣脫下，抱在胸前。（這樣雙腳才不用一直踢水，影響括約肌用力。）把褲子或是潛水衣拉到膝蓋的位置，找個有利的支點抓住，屁股翹起，這時候有經驗的魚群通常會圍繞在你的身邊……剩下的就是餵魚秀啦！

最後千萬要記得洗一洗，淡定穿回褲子，揮揮衣袖不帶走一片……。

# 09 生理期，下水怎麼辦？

因為工作的關係，我幾乎天天都要泡在海水裡面工作。

一年有 365 天，如果說 300 天我們都泡在海裡也不誇張，因為大海就像我們工作的辦公室一樣。很多人應該非常羨慕這樣一份職業，每天面對著大海、陽光、比基尼、沙灘等，多麼享受啊！

但是，每份工作都有它不為人知、辛苦的一面。

如果你抓破頭也無法想像得出來，到底這份人人稱羨的工作，

有什麼辛苦的一面的話，好的，現在請你想像一個場景。（我好像很喜歡讓你們想像！）如果現在把天上的太陽拿走，換上烏雲密布的天空，狂風暴雨、灰濛濛的天氣。這樣子「出海」聽起來應該就不是這麼的吸引人了吧？當頭髮被吹亂了整臉，已經沒有人在乎髮型怎麼樣了吧？還在想比基尼性不性感？下水之後冷得要命，早就把能穿的衣服全都穿上了。嘴唇發紫而且身體不停顫抖的狼狽樣子，誰還管臉上的妝花了沒？

這似乎只讓我想起電影《怒海劫》的畫面，一波一波大浪打上船支，每個人的手都緊抓著欄杆，連站都站不穩，心裡拼命想著要活下去……。（好啦！想像力太豐富不小心離題了！哈哈）

我想說的是，就算是在這種大風大浪的情況下，通常只要政府沒有禁止出海，所有船隻基本上都一樣會出海！除了要用力讓客人覺得很好玩以外，也要努力洗腦自己，這是一種別人都沒有的經歷，有誰有淋著雨在大海中間吶喊的經驗？這時候要擺上帥氣的 pose，用堅定的神情告訴客人：「大雨是絕對澆不熄我們的熱情的！」（縱使自己也是千百個不願意阿……。）

而對於島上少數的女導遊來說，我們的痛苦除了狂風暴雨以外，另一件痛苦的事情就是當「好朋友」來拜訪的時候，在這種特別的時候，我們一樣要用專業的陽光笑容帶客人出海浮潛！

許多客人常常會無法理解，為什麼「那個來」還要下水？

這樣對女生身體的傷害不是很大嗎？這就如同許多工作會有自己必須去克服的問題一樣。游泳選手不可能因為「那個來」而放棄比賽；美食節目主持人不可能因為「胃痛」而拒絕嘗試美食；空姐也不可能因為「怕高」而不上飛機吧？

對我來説，這是一種敬業並且熱愛自己職業的態度。

所以，「那個來」的時候怎麼下水，也成為我必須克服的一個難題。

但是只要想到，當「那個來」的時候還要跳到冰冷的海水裡面泡上一整天，拉浮板或是扛著重物，眉頭就皺得越來越緊了。這也可能是為什麼島上的女導遊一直都很少的原因之一吧！（除了要晒得很黑，變得很壯之外，還要可以忍受那個來的時候下水工作。）

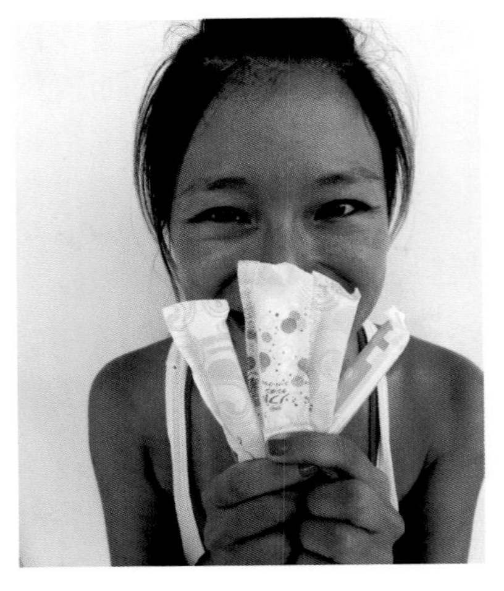

每次只要是「那個來」的時候，如果運氣好，剛好遇到休假沒有帶團的話，我都會格外珍惜。覺得那時候不用下水，是非常幸福的一件事情，可以讓我的「好朋友」好好窩在沙發上溫暖一下。

但是如果「那個來」剛好遇到要帶團下水的時候，怎麼辦？

這是很多客人常問到我的問題，也是很多愛玩水女生的困擾。

好不容易來到以「美麗的海」著稱的帛琉了，不下水不是很可惜嗎？

在這裡，我分享一些我自己的下水經驗，希望能夠幫助到有這些困擾的女性同胞們。我自己下水最常使用的是「棉條」，這是歐美人很早就已經使用，但部分亞洲女性還是很排斥的東西。棉條是大約和食指一樣粗的棉狀長條物體，後面連著一條細細的棉線。作用其實跟衛生棉一樣是吸血用的，只是棉條是做成長條狀，可以直接塞進去，讓血不會流出來，需要更換或丟棄時，輕拉棉線就可以把整個棉條拉出。（你們懂我在說什麼嗎？會不會寫得太害羞了一點？）

棉條其實是女性的好幫手，在水裡，因為水壓的關係，血被棉條吸住之後是流不出來的，所以不需擔心會漏出來（除非棉條已經吸滿了），更不需要擔心鯊魚會來追你啦！就算是在陸上時使用棉條，也可以清清爽爽一整天，不會有用衛生棉時悶悶濕濕的感覺。但是記得同一個棉條盡量不要用超過 4 小時，否則也會容易感染喔！

至於棉條的廠牌，台灣最早有出過一種叫 OB 的棉條，我記得我第一次用的時候，在廁所蹲了快一個小時，弄到都要哭出來了還是塞不進去，之後我就放棄了對棉條的信心。一直到了來到帛琉之後，因為想要下水，所以重新嘗試使用棉條。到超市一看，赫然發現這裡的棉條全都是有塑膠導管的，而且樣式都非常可愛，很符合女生喜愛的風格。這比以前的 OB 好用多了，只要輕鬆用導管推進去之後，把塑膠管拿出來，棉條就已經放好嘍！也不需要弄髒自己的手。後來回台灣休假時，發現蘇菲也有出導管式的棉條，所以台灣女性也有福啦！以後不用怕去海邊那個來沒辦法玩水了！（沒用過的女生其實可以試試看，真的滿好用的。）

再來，還有另一項下水的法寶——「月亮杯」。這是我在潛水界工作的妹妹告訴我的，這是她的愛用品，因為是重複使用，所以也不會這麼花錢。它是一個矽膠的小杯子，杯底帶著一個小小的尾巴。每次使用時記得用水煮開殺菌，在摺疊過後可以把它放進去洞裡，當手放開之後，杯子會彈回原狀，並且讓杯壁吸附在肉上，形成有點像真空的狀態，血就會留在杯子裡，過一陣子之後再把它拿出來倒掉洗乾淨放回去就行。聽起來好像很簡單的感覺，但實際上需要一點點練習才能上手，目前我也還在嘗試練習當中。在國外有很多女潛水教練都是用這種東西下水喔！ 而且聽說台灣最近也開放了，真是太棒了！

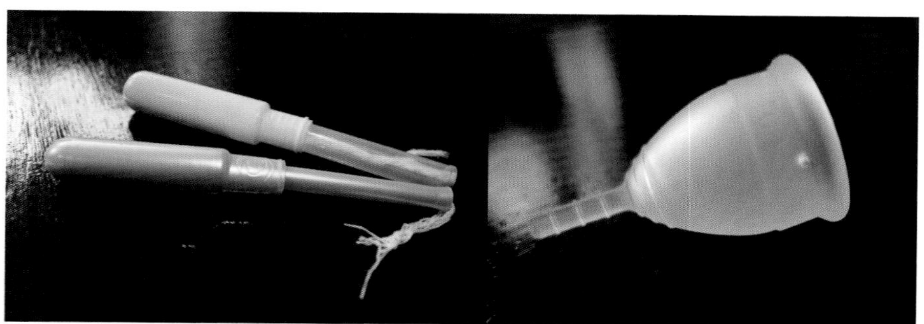

▲ 這是拆開包裝後，導管式棉條。

比較少見的月亮杯。 ▲

# 10 被精子灑得一身

以下內容未滿 18 請勿觀看。

（哈哈，這是開玩笑的，請不要想歪。）

本身很喜歡潛水的我，只要遇到放假，或是沒有帶團的時候，第一件想要做的事情就是去潛水。帛琉被譽為潛水的天堂，大部分的海洋生物在這裡都可以很容易看到，海龜、鯊魚、魟魚、拿破崙魚……這些都算是基本款，所以很多歐美潛水客都喜歡大老遠地跑來，就為了在水裡跟他們見上一面。我們這些在帛琉長住的在地人就更不用說啦，每次下水就像見老朋友一樣親切。

但是在這裡潛久了，有些人覺得這些基本款膩了，就開始研發出一些不一樣的潛水樂趣。在帛琉有一間潛水店 Sam's Tours，由幾位海洋生物博士組成了一個團隊（Unique Dive），專門研究魚的交配行為。按照他們的理論，不同的魚種會隨著月亮在不同的時間交配，而且這是有規律性的。根據幾年下來的研究經驗，他們大概也抓出了一個規律，例如：在新月的前幾天，上千隻紅鯛會聚集在一個地點進行交配；在滿月的時候，幾百隻隆頭鸚哥魚會出現在某個地點進行交配。但這個還是要靠他們每天出海去觀察，看魚的動作、魚的變色、漲退潮、天氣因素等，才有辦法確定。

★ 拍攝魚群交配需要專業攝影器材與水中拍攝經驗，更重要的是運氣，本篇所有照片特別感謝 Richard Barnden 提供。

第一次參加這個特別的潛水團，是受到朋友 Aries 的邀請。當時的我也很好奇，「魚到底是怎麼樣交配產卵的？」雖然很常浮潛、潛水，但是好像從沒看過魚交配。於是我抱著好奇的心態，當天早上 5 點，天都還沒亮，我們就到潛水店集合了。（他們說通常都是一大早才看得到魚交配。）跟我們一同出船的都是一些潛水老手，一船總共 8 個人，大部分都是各國研究海洋專業的人才。而我就像是小學生走進了大學裡，聽著他們聊天，說著各種魚的學名，大大地感覺到自己還有太多可以向他們學習。我發誓我真的從來沒聽過「大口線塘鱧」，到底是什麼魚？

在所有人把裝備都準備齊全之後，我們大約開了一個小時的船程來到了潛點 Shark City 附近，聽 Richard （Richard 和 Paul 兩人是 Unique Dive 的主辦人）說他們昨天來看過魚的密集度，今天的時間應該不會錯了。於是所有人著裝下水，大台專業的相機一台一台地下，像特種部隊一樣迅速。下水之後所有人就四散了，沒有最大深度規定，沒有潛水時間計畫，大家都只顧追著自己的魚群跑。

許多魚類在交配前，也是需要經過談情說愛的求偶過程，如果兩情相悅，就很快會送入洞房。但這次看的不是言情小說裡的「小情小愛」，而是非常壯觀的「群體生殖」，也就是成千上百的魚群同時排精排卵！你們能想像所有魚群同時排精排卵的畫面嗎？

我看見身旁上千隻的紅鯛（Red snapper）蓄勢待發，在天還沒亮都是深藍的海域當中，像是足球比賽要開始之前那種緊張又令人震撼的氣氛，我迫不及待地想要看他們接下來的動作會是什麼。

這數千隻圍繞在我身旁的鯛魚，一群一群有公有母，他們似乎有共同的默契。不需要透過交談，他們可以選定在同一個時刻裡，其中數十隻魚會旋轉聚集成魚球，一起快速往上衝數公尺，「啪！」同時撒出精子和卵子，然後這些精卵會像是下雨一樣地散落下來。接著馬上換另外一個魚球奮力地向上衝。這樣持續數十次，運氣好的精子和卵子就會結合，運氣不好的就會被旁邊其他魚群吃掉，而我就在下面像淋雨一樣接受洗禮，看得不亦樂乎。

我知道大家是怎麼想的，可能還是覺得怪怪的吧？魚的精子灑在頭上耶？

其實只要成功說服自己，這是一件很酷的事情，而且是在水裡，我想應該就不會覺得有這麼噁心了吧？就像我在水裡看到 **Manta ray** 大便的時候，不覺得噁心，反而覺得有點興奮的感覺？好吧，我承認，潛水員可能都有點怪怪的！

上船之後，他們開玩笑地說今天看到哪種魚交配會有前戲，哪種魚交配比較溫柔，哪種魚像是要霸王硬上弓的感覺。聽到他們對水裡面這些生物的形容，感覺都很好笑，也不禁讓我一直回想著那時候令人不太舒服的畫面。**Richard** 開心地說著，剛才有看到公牛鯊在附近徘徊，每次只要魚群在交配的時候公牛鯊就會出現想要吃這些精卵，我則是太專注於看魚交配而沒看到公牛鯊，難道鯊魚也用這個補身體嗎？！

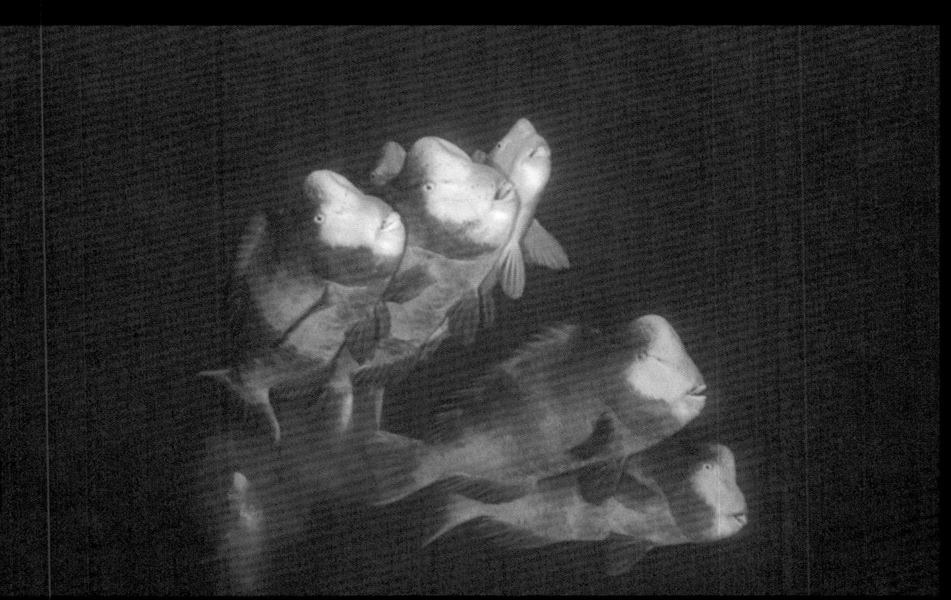

# 11 美人魚的傳說

在 1989 年迪士尼出的卡通裡，小美人魚是一個楚楚動人的女孩，有著一雙水汪汪的大眼睛和纖細的身材，上半身是人形下半身是魚的尾巴，只要有危險發生時，就噗通一聲躍進海裡。

「如果我可以變成小美人魚的話……。」

這是所有小女孩的夢想，也是我小時候的夢想。

但是童話跟現實還是有非常大的落差。

由古到今，流傳著許許多多關於美人魚的傳說，但很少有親眼見過的人。

有人說人魚是一種妖怪，常常利用動人的歌聲迷惑船夫偏離航道，最後觸礁沉沒，只要遇上美人魚通常都會遭遇到不幸。在《神鬼奇航》這部電影裡，傑克船長為了獲得人魚的眼淚，和人魚開啟戰爭，電影後來雖然傑克船長順利取得了美人魚的一滴眼淚，但在戰爭中，不少水手也因為聽到了美人魚的歌聲而墜入海中。

另外有一種公認的說法，認為美人魚其實是對一種海洋哺乳動物──「儒艮」（俗稱海牛）的誤認。這種生物以海草或藻類為食，常出現在淺海的海草區，時常需要上來水平面換氣，浮出水面時稀疏的毛髮夾帶著水草曾被人誤會為美人魚在水面休息，而構成了一個美麗的誤會。但其實儒艮（海牛）面貌不揚，她的眼睛很小，有類似豬的鼻子，身形肥胖，行動緩慢，跟想像中美人魚美麗的臉龐及性感的身材天差地遠。

在帛琉一直流傳著一個關於美人魚的老傳說。

以前在部落裡住著一對母女，女兒因為沒結婚就懷孕了，被大家唾棄。但是深愛著女兒的母親一樣維護著她，於是帶著她，兩人躲到偏遠的地方生活。終於等到女兒肚子裡的孩子出生後，有一天母親出門幹活前，交代女兒有種果實在生產完之後千萬不能摘來吃，這是帛琉的傳統禁忌。但忍不住誘惑的女兒還是把禁果「Keam nut」放入了口中，正好被剛回來的母親撞見這個畫面，深怕被母親責罵的女兒，於是帶著剛出生的孩子跳進海裡，消失在海平面下，不管母親怎麼呼喊都不回來。於是有人說，這個女兒後來化身為美人魚，每次都緊緊抱著自己的孩子，不想讓別人發現，跟海牛的習性一模一樣，總是把自己的孩子緊緊帶在身旁。之後每次當帛琉人捕捉到海牛時，總是看到她帶有淚汪汪的眼睛，像是不斷在懇求母親的原諒般。

在 1900 以前的帛琉社會裡，許多帛琉人仍有獵殺海牛的習慣。在選上新的酋長時，海牛肉被拿來當作宴會當中祭天的一種食物。據說海牛的第一脊椎骨被保留下來，是要給身分地位崇高的男性酋長配戴，這被視為一種極其昂貴的飾品，稱為「Olecholl」。為了要戴上這個手飾，必須在手抹上油之後用繩子拉扯強行帶入，必要時需要斷一根手骨將其帶上。到目前為止沒多少人曾經享有這種殊榮，在 1783 年時英國船長 Wilson 曾經接受過酋長 Inedul 贈送的「Olecholl」。

在帛琉文裡，海牛稱為「Mesekiu」，英文稱為「Dugong」，來自於馬來西亞文譯為「海中的女子」。雖然在其他地方也曾見過海牛的蹤跡，但目前在密克羅尼西亞群島（包含 Sipan, pohnpei, Chuuk, Yap）裡，只有在帛琉有發現海牛的蹤跡。近年帛琉海牛的數量越來越稀少，政府也開始意識到，每年海牛被獵殺的數量已經遠遠超過海牛可以繁殖的速度，於是政府發布了禁止獵殺海牛的法令，

I LOVE
MESEKIU.
DO YOU?
DEAD DUGONGS ARE STILL FLOATING UP
SPEARED, OR INSIDES TORN BY DYNAMITE
YOU CAN MAKE THIS STOP
DON'T EAT IT, NOT ANOTHER BITE
MARINE MAMMAL SANCTUARY ?
NO, WE'RE NOT YET THERE
TO MAKE IT WORK
WE ALL HAVE TO ACT AND CARE
PRESERVE OUR NATURE
PRESERVE OUR PRIDE
CONVICT DUGONG KILLERS
WHO THINK THEY CAN HIDE
THERE'S BEEF, THERE'S SPAM
LEAVE THE MESEKIU ALONE
LET'S SAVE THE ANIMAL
NOT JUST THE BRACELET BONE
IKED ETPISON
PMA GRADUATE 2012

將海牛列為保育動物，並且發起了許多關於保育海牛的宣傳活動，試圖開始拯救這些在海中快要消失的可愛生物。

在帛琉將近五年的時間裡，Rachel 看到海牛的次數實在是屈指能數。想要看到海牛是非常不容易的一件事情，海牛生性害羞，（我很醜，可是我很温柔～）牠的聽覺卻是非常敏銳，通常不喜歡人類接近，只要聽到一點點聲音牠就會逃之夭夭。有一次看到牠，是在帶團快艇出海時，在高速的行駛下，船身劃破平靜的水平面，隱隱約約看到很大的影子出現在船旁，一隻灰色的海牛浮上水面的蹤跡。其他幾次看海牛，大多是在直升機上，當直升機飛在廣大海草的海域上時，看到一隻大海牛身旁貼著一隻小海牛，大概六七隻列隊成一直線，成群結隊在覓食，第一次看見時，我興奮得差點把腳踏出飛機外。

▼ 從來沒有跟海牛一起在海裡游泳過，唯一的照片就是從直升機空拍，海牛媽媽帶著小孩浮在水面上的時候。

**海牛小檔案**

● 長達 3 公尺，重達 900 公斤（約一台車重），泳速 10 ～ 25 km/hr， 可以活超過 70 歲。視覺很差，但聽覺很敏銳， 像是陸地上的牛一樣，海牛以吃海草維生。每 3 ～ 4 年生一胎，寶寶會在媽媽身旁待上數年才會離開。已屬於瀕臨絕種的海洋生物，受到保護當中，帛琉政府已經設立了海牛保護區，任何人獵捕海牛將受重罰。

雖然想要看到美人魚困難度很高，但在帛琉，要讓自己變成美人魚卻是一件非常簡單的事！帛琉的海看起來非常親切，讓人完全不會畏懼。只要準備好你的面鏡、呼吸管，套上蛙鞋，換上性感的比基尼，把自己想像成美人魚，在水中擺動著身軀，曼妙的泳姿會讓所有人的心都為你融化。搖身一變，你也可以成為徜徉在大海中的快樂美人魚，帛琉的海隨便都能讓你拍出像美人魚的照片喔！

# 12 家人來訪

2015 年 5 月 27 日，這是我的家人第二次來帛琉找我玩。

接機當天，我飛車到機場，一路上興奮的心情讓我一度笑著，一度又激動地想哭，距離上次見到家人也過了一個年頭，不知道他們好不好。

我的心情忐忑不安，見面第一句話應該說什麼呢？心裡想著千萬種可能發生的狀況，沒想到這些念頭居然在爸爸出來的瞬間全都消失了，一個大大的擁抱，如同以往閒話家常一般的熟悉和溫暖。

「啊！有家人的感覺真好。」

老天真的很眷顧我，要去哪找一個可以全家一起潛水的家庭？

老弟在去年的時候拿到了 PADI 潛水證照；老爸也在老妹的幫助下，重新複習他對水肺潛水的知識和水下動作（老爸現在已經五十幾歲了，聽說他年輕的時候水下也是很猛的）；老妹就不用多說了，本身就是一個周遊各國的潛水教練；而我就是一個愛玩水、愛潛水的傢伙。那老媽呢？她還正在游泳池克服障礙中……。

短短的 4 天行程如下：

1st Day：台北→帛琉
2nd Day：水肺潛水（水母湖＋藍角＋德國水道）
3rd Day：包船出海（釣魚＋無人島中餐＋浮潛，景點隨興）
4th Day：釣魚大賽（一年一度 Etpison 釣魚大賽），帛琉→台北

就這樣，到達帛琉的第二天一大早就在潛水店報到。

第一站我們到了「水母湖」，著名景點總是百看不厭，果凍水母一如往常很給面子，成千上萬地出現在陽光下跳舞。「德國水道」及「藍角」也完全沒讓我們失望。才下水不到 20 分鐘，就聽到潛導不斷敲擊氣瓶的聲音。

「COOL!」居然看到三、四隻魟魚出現在我們頭上。

這些巨大的身影緩緩從我們身旁經過，似乎在撒嬌般地圍繞旋轉，看著爸爸趴在沙地上仰頭目不轉睛地看著這些溫柔的巨人，我的嘴角不禁微微上揚，這一潛值得了！

「藍角」當天的水流很強，老爸說這是他遇過最恐怖的水流，卻也很享受。把流勾拿出來掛在岩石上，BCD 稍微充氣之後就像在水中飛翔著非常輕鬆。黑鰭礁鯊、白鰭礁鯊、灰鰭礁鯊在我們面前頂流前進，斷崖邊各式各樣不同種類的熱帶魚穿梭著，成群的梭魚在深藍的地方旋轉，蘇眉魚也一直往我們靠近，差點都要親上來了，真是太瘋狂了。

今天的潛水跟平時的潛水，心境大大不同。

擔心著爸爸的身體受不受得了，也擔心弟弟第一次潛水會不會有問題，心中感到開心卻又無比緊張，因為這些人對我來說，都是世界上最重要的人！三潛結束回去的船程上，雨過天晴形成了一道鮮明的彩虹，一路陪伴著我們，我看到彩虹畫成笑容，映在他們臉上，我好滿足。

這次家人來玩的時間只有短短的四天三夜，於是我們隔天包了艘小船，找了幾個好朋友，一大早準備好冰桶、釣具、中午的飲料食物，開了 40 分鐘來到了烏龍島（Ulong）附近準備試試手氣。愛釣魚的爸爸果然還是不惶多讓，為我們的午餐貢獻了最多魚。中午上了無人島之後，我們快速分工合作，有人生火煮飯，有人在海邊殺魚，船長負責去爬椰子樹做椰子汁，很快就弄出一個豐盛的午餐。在無人島上做飯，好像所有人都野性全開了，不穿鞋子就跑去撿木材，用海水清洗鍋子，衣服脱了當抹布，成了十足的小野人。

而這次旅程最讓爸爸永生難忘的，應該就是帛琉一年一度的 Etpison Cup 年度釣魚競技賽，這對帛琉人來說可是最大的年度賽事，能夠親身參與可算是莫大的榮幸。為期兩天的競賽，釣到最大魚的團隊可以獲得優渥的獎金，魚種包括旗魚、鮪魚、土魠魚等。所有報名團隊在當天早上的 5 點鐘出船，到下午 5 點以前要回到碼頭秤重。眼看機不可失，我找了一個當地熟識的船長，請他讓爸爸跟他們的團隊一起出海去釣魚，拜託了好久他才答應讓爸爸跟他們一起出去。因為船長説在當地常出海釣魚的人大多都是迷信的，認為一個外人可能帶來好運或是惡運，隨便加入一個人可能要冒很大的風

KNOT MY

險。當然女生更不用說，當地傳統是不能讓女生跟出海釣魚的，在老一輩的講法是，這是男人的活動。

當天下午 5 點，我開車到碼頭迎接他們回來。看著船慢慢駛進，船上的四個人都帶著滿面的笑容，我知道應該有什麼好消息回來了！

等船一停靠，我的船長朋友大聲地叫著：「Rachel ！你問問你爸他今天看到什麼了？」爸爸帶著我從沒看過的笑容說：「在外海看到兩大群的抹香鯨，回程的時候看到一百多隻海豚在船的旁邊跳躍，最重要的是我們釣了一隻 60 幾公斤的旗魚！」

「什麼？！我在帛琉這麼多年也沒看過一次鯨魚，居然就被你看到了？」我抱著既羨慕又忌妒的眼光看著爸爸手機裡的照片。

爸爸則露出他得意的眼神看著我，「我就說我會帶來好運吧！」

似乎這隻旗魚是當天第一名的事好像已經不這麼重要了。

爸爸的確運氣很好，在這短短的四天內已經看到了許多人可能一輩子都沒看過的海洋生物。他看到了海龜、鯊魚、拿破崙魚、魟魚、水母、海豚、鯨魚、旗魚。（而且這些都是千真萬確的，有圖為證的！真是太羨慕了！）

最後一天，送他們去機場的路上，我問爸爸：「Daddy，這幾天你開心嗎？」爸爸的回答居然是：「這些都不比我看到妳的時候還要開心。我只是來看看我女兒而已。」我眼淚都要掉下來了，沒想到我用心這麼多天，為了讓爸爸可以看到很多海洋生物，有個很開心的假期，而他卻說「最想看到的其實是我」。

家人真的是可以讓事情變得很簡單而快樂的人，有時候我真的覺得我很幸運，很幸運有機會在帛琉工作，更幸運有一個這麼棒的家庭。好好珍惜身旁的家人們，趁還能多跟他們聚聚的時候，多找點時間跟家人們團聚吧。

# 13 海綿奇遇記

千萬不要覺得我很奇怪，因為我接下來講述的主角是一位出現在卡通裡面的人物——「海綿寶寶」。《海綿寶寶》一直是我很喜歡看的卡通，因為每次看完之後心情都會莫名地變很好，他的快樂心總是可以感染著他身旁的其他人，也感染著我。我期許自己也可以擁有一顆像他一樣的快樂心，感染著我身旁的人。

好，故事的開始是這樣的，從一個風和日麗的天氣開始說起。坐在家裡閒得發慌的我，地也掃完了，衣服也洗完了，還能幹麻勒？（導遊沒帶團的日子其實都是很無聊的。）看著身旁坐著的海綿寶

寶用大眼睛直直地看著我，我也看著他，突然靈機一動，我決定要帶海綿寶寶來場大海歷險記！起身之後，到隔壁敲敲門，約了好朋友小宋一起，他也正閒得發慌呢！我們帶了浮潛用具之後，也幫海綿寶寶戴了一副面鏡，就準備出海去玩啦！

雖然知道海綿寶寶本來就是長住在海底的比奇堡，但是坐快艇出海浮潛應該還是第一次吧？本來想幫他穿上救生衣的，但沒想到他太小了，沒有他的 size，所以我們想也就算了。一開始下水的時候本來有些擔心，沒想到海綿寶寶的浮力很好，就算想要把他壓下水裡好像也很難（因為全是海綿，裡面都是空氣浮力太大），就連幫他帶上面鏡呼吸管時，他也沒有任何害怕的表情，看來他的水性真的很不錯！（只是他的頭太大，面鏡戴太緊他的頭就變型了！）

就這樣，確定他可以浮潛過後，我們帶著海綿寶寶去了好多地方，看了軟珊瑚，看了百年大干貝，看了藍色珊瑚礁，也看了好多好多的熱帶小魚，他看起來很喜歡這些浮潛點，因為每次他都笑得合不攏嘴，連呼吸管都忘了咬！但是當我們來到鯊魚城時，他卻不敢下水了，因為他曾經在比奇堡被鯊魚追過，所以就藉口累了說要在船上休息。

在這次出海的過程中，我們聊心事，一起晒太陽，也認識了新的朋友，好多人都搶著想跟他拍照，沒有想到他居然這麼紅？這趟出來玩，我相信海綿寶寶是很開心的，至少我是很開心的，我很開心交了他這個朋友。因為海綿寶寶的快樂心，總是帶給我無限的歡樂。我總是相信快樂是要自己去尋找的，不能等別人給你。但是如果在你身旁，有一個可以常常讓你笑的人，千萬要好好珍惜他喔！

Palau Archery Club

# 14 海水＋太陽＝天然的染髮劑

媽呀！這大概是我這輩子頭髮留最長的時候了吧！

以前都喜歡把頭髮剪得短短的，像個男孩子一樣，喜歡簡單清爽的感覺！但是為什麼反而來到這麼熱的海島之後，頭髮反而越留越長了呢？絕對不是因為不想剪，而是在島上一直找不到讓我滿意的理髮店，於是隨著時間一天一天過去，頭髮就越來越長了。（後來無意間發現，原來留長髮，我也可以變得這麼女人味啊？）

小島上剪頭髮的技術實在讓我不敢領教，大部分的理髮師都是菲律賓人，剪一次很便宜，只要 $5 美元，但是我深深覺得當他的大刀一剪下去，代價絕對遠遠超過 $5 美元。每次看島上的男生進去之後，出來的都是像是菲律賓偶像劇裡面的男主角，不是很厚的油頭就是抓了髮蠟的刺蝟頭。所以如果我去給他們剪頭髮，會不會就變成像菲律賓人那樣子的頭啊？每次只要想到這裡就打消念頭了！還是忍著點回台灣再剪吧！（所以我頭髮大部分的時候都是自己拿剪刀剪。）

帛琉人的頭髮又黑又硬又捲，通常很難整理，但聽我的帛琉朋友說，他們都會用一種護髮祕方──「椰子油」，對！又是椰子油！椰子油不只可以塗在身上，護膚保暖之外，也可以塗在頭髮上，頭髮就不會再毛躁了！帛琉人的頭髮頑固得像是鋼絲一樣，常常在塗上一層椰子油之後，還要再用定型液，把整頭的頭髮梳到服貼在頭皮上，頭髮才會乖乖聽話。（就像是梳油頭一樣，梳完之後把頭髮全都盤起來，通常都可以撐上一個禮拜再洗頭。但味道不是很好聞就是了！）

常常泡海水對我的頭髮其實傷害非常的大，因為海水的侵蝕力強，頭髮很容易被破壞。（記住通常碰到海水的東西，回家都要立即用淡水沖洗，避免鏽蝕）所以我的頭髮大概只能用「亂七八糟」四個字來形容。再加上每天都要曝晒在太陽之下，久而久之，我的髮尾會開始慢慢褪色，變金黃色，甚至白色，這就是所謂的「浪人頭」，一頭又長又亂又黃的頭髮，就像稻草那樣，很乾燥而且容易打結分岔。其實有時候整理起來真的挺讓人受不了的！尤其每次從水裡上來，如果沒有綁好，常常會打結、勾到氣瓶的頭、卡在面鏡帶上面，或在面鏡前面晃來晃去阻擋視線。有時候出水就會變成一坨海草，解都解不開。更慘的是，在快艇高速行駛的狀況下，長頭髮亂飛得整頭都是，這根本就是一個悲劇阿⋯⋯。（後來我根本就已經放棄用梳子了⋯⋯。）

雖說有時頭髮對我來說是一個悲劇。但還是常常會遇到很多客人，很喜歡 Rachel 的髮色，每次都會問說：「你的頭髮是不是染的啊？」每當我說不是，這是海水泡加上太陽晒出來的自然顏色時，他們總是會露出一臉不可思議的表情問：「真的嗎？」

「當然是千真萬確的！」

「我要怎麼才可以弄出跟你一樣的顏色啊？」

「多泡在水裡晒太陽就可以啦！哈哈哈！」

以前我也總以為這是那些愛衝浪的人編出來的理由，明明就是染了頭髮之後，故意說這是自然的髮色！但是經過自己親身證實之後發現這些都是真的！

全都是真的！常常泡海水＋常常晒太陽＝天然的染髮劑！

而且我們也常常以黑皮膚跟黃頭髮感到驕傲呢！

因為這就是我們愛大海、愛陽光的證明啊！

# 15 椰子教我的事

一顆椰子可以做多少事？

如果現在每個人講一個不能重複的答案，遊戲一定很快就結束了。

椰子汁、椰子油、椰奶咖哩……。

在帛琉長住之後，我才發現，島嶼人真的用椰子來做很多事。

通常小島國家因島上物資取得不易，許多東西都是仰賴進口。有時遇到風浪過大，貨櫃船無法停靠，島上的物資就會短缺一個禮拜到一個月。像 Rachel 要做飯時就常常在島上找不到薑可以買，跑遍了所有的店家全部都缺貨，沒有雞蛋、沒有白菜、沒有蘋果等等的狀況也很常發生，有時候一等就是要等上幾個禮拜才會進貨。

當地人善於就地取材，小島上椰子樹很多，自己動手做就不需要靠別人。這是我從來沒想過的一件事情，用一棵椰子樹，就可以把很多東西「變」出來。

- 椰子汁，具有滋補、清暑解渴的功效，主治暑熱類渴。
- 椰子油，可以拿來護膚、護髮，甚至用來治療很多皮膚疾病，像是過敏、皮膚癬等，對我來說是下水防水母，上岸助晒的極品。
- 椰奶是將椰肉放進熱水中燉煮，過濾出的奶狀黏稠液體，味道芬芳，是一個料理的好食材，像是椰汁陸蟹、椰奶咖哩等。
- 椰子酒，當地人從新生椰子上發酵、釀出來的酒。把新出生的小椰子綁住不讓他生長，然後在椰子表面劃上一刀，透過裂縫汁液會慢慢流出，形成有酒精成分的液體，據說還有另外一種做法能做成甜甜的糖分。早期買酒很貴，自己釀的椰酒不需要很多成本，就能讓自己很快醉了。依照程序不同，還可以釀成不同的酒精濃度呢！

- 椰子醋，從椰子酒提煉出來。Rachel 在雅浦時聽雅浦人說把整瓶椰子酒沉澱過後倒出，剩下最底層的液體，再繼續發酵就會形成酸液，可以用來煮菜，但這種技術已經慢慢失傳了。

- 椰子殼剖開後，外面的纖維晒乾可以用來生火，裡面的殼可以做成杯子、碗，晒乾後綁上線就變成島嶼女生最常穿的服飾，椰子殼 bra。

- 椰子葉可以編成各式各樣的生活用品，像女生的草裙、頭上的花圈、草編包。比較大的椰子葉可以舖成屋頂，不僅通風良好、排水性佳，也能編出當成坐墊的草蓆。甚至小朋友小時候的玩具，蚱蜢、蝴蝶魚、玫瑰花也都能用椰子葉編出來。

▲小女孩頭上的花環、身上穿的草裙、手上拿的籃子，全都是用椰子葉編成。

只要有一棵椰子樹，就可以照顧他們的食衣住行。

一棵椰子樹，對我們來說，大概就是拍照的背景吧！

千萬要記得最重要的一件事情：「千萬別走在椰子樹下。」（Never walk under a coconut tree.）

這是當地人教我的，因為你永遠都不知道椰子什麼時候會掉下來！椰子樹不像蘋果樹，不要試著效仿牛頓的精神，椰子砸下來是絕對領悟不出地心引力的，你大概只能計時救護車多久會到。還有千萬千萬不要把你的車子停在椰子樹下面，這是我經過慘痛教訓過後所學到的經驗。

在島嶼生活久了之後，發現當地人和我們最大的差別在於，「用做的？還是用買的？」當地人自己動手做，但在都市生活久的我們通常選擇花錢解決。

若是發生同一件事情，我們的做法跟當地人一定不同。車子爆胎了，我們一定直接花錢請修車廠的人修。但是當地人會自己拆裝零件，試著把自己的車修好。（雖然之後不一定會修好啦！）如果肚子餓了，我一定想直接到外面買比較快。但當地人會自己把今天釣到的魚生火烤來吃，或是到樹薯田去挖些樹薯來煮。墨鏡壞了，我們大部分就直接買新的。當地人用釣魚線自己逢一逢就好了。想要一個架子，自己找木材釘一釘就有了。想要一個家，就自己蓋一棟，雖然辛苦，但是一磚一瓦都是自己的血汗慢慢拼出來的。

我很羨慕他們這種自己有能力完成自己生活的技能。跟我們現在講的生存能力，好像已經截然不同。我們現在所講求的生存能力，是你在社會上能賺多少錢一個月，而不是你能不能照顧好自己的生活起居。

就像我上次帶過《愛玩客》的詹姆士所說過的話：「我們空有一身廚藝，但還是要靠這些當地人下海去打魚才有辦法料理，若是沒有這些人，我的廚藝也派不上用場。」

常常我都在幻想一件事情，如果把我丟到一個無人荒島上，我能活幾天？

旁邊有結實累累的椰子樹，水裡有滿滿的魚兒游來游去，還有公雞在旁邊叫。沒有其他人，沒有任何工具，我覺得搞不好我還是會餓死在島上。

那你呢？你覺得你能活幾天？

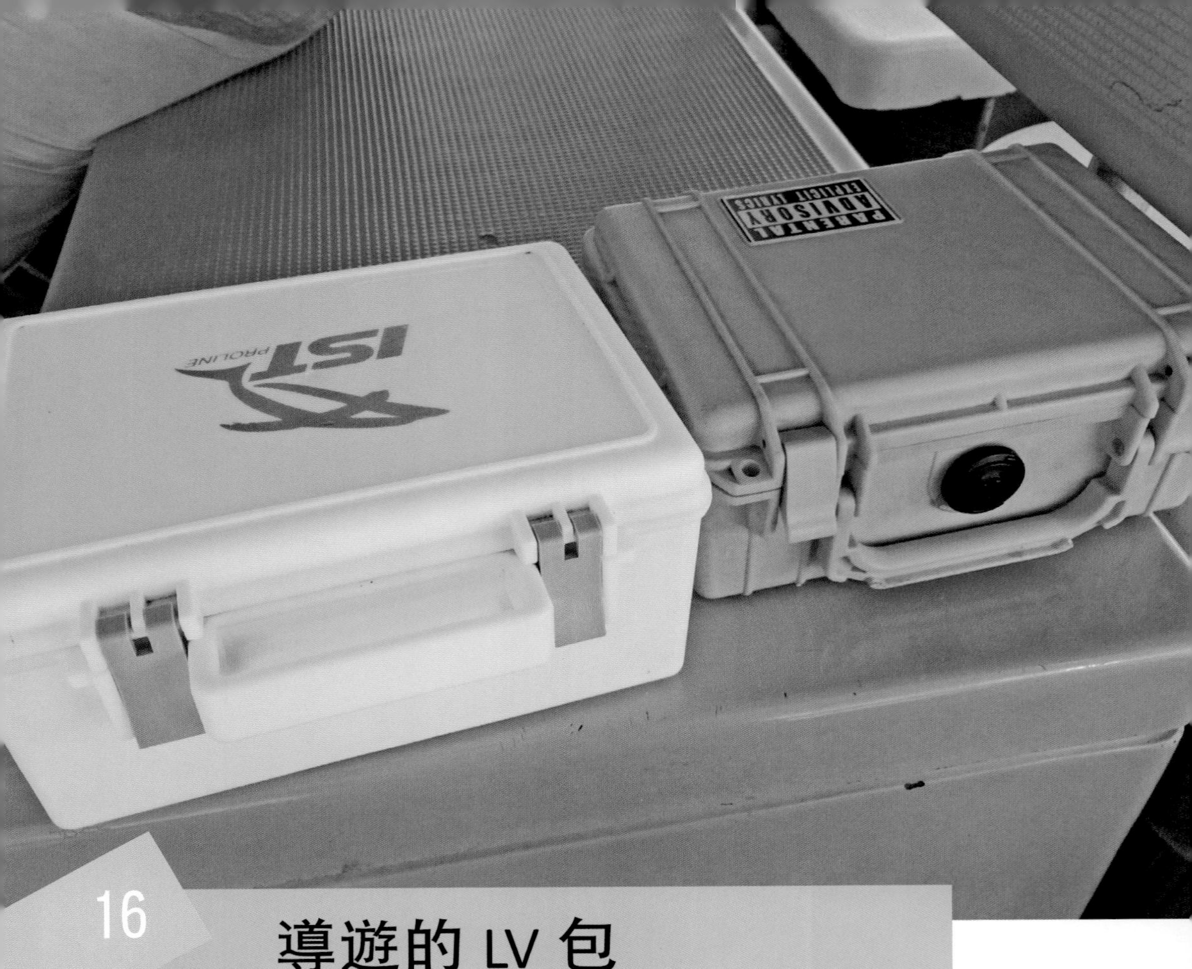


# 16 導遊的 LV 包

在帛琉有一種很奇怪的現象，各個導遊手上都會提著一個箱子。這個箱子大大小小都有，顏色也不一，形狀貌似急救箱，又像水電工用的手提工具箱。每天早上看到導遊在飯店接客人出海時會拎著，晚上在帛琉大街上吃飯也會看到導遊拎著這個盒子，謎樣似的盒子不知道裡頭裝著些什麼，但似乎象徵著導遊崇高的身分地位。

剛來到這裡受訓時，總覺得納悶，為什麼這些老導遊們喜歡帶著這個小盒子走來走去，若只是個人喜好，也不會這麼一致，全帛琉導遊都拿著這個盒子吧？這好像是有誰規定必須這麼做，要不然就是帛琉導遊共同的默契。雖然帶著點疑問，但是心裡還是默默地承認了，如果是導遊，手上就一定要有這個小箱子。之後在受訓期間，就一直把得到這個箱子當作是自己的目標，等有了這個小箱子我就是正牌導遊了！（後來發現其實箱子自己去買就好了。）

一直到受訓結束，可以正式帶團時，我也買了個黃色小箱。每天帶客人出海時都帶著，晚上帶客人吃飯時也帶著，不管怎樣箱不離身。帶著我的黃色小箱就覺得整個人都自信了起來，像是穿了 PRADA 高跟鞋的女人，走路都有風了。「看！我是導遊！」一股想要炫耀的神情都從頭到腳散發出來，恨不得在飯店走兩圈台步，再挑眉兩下，說「來！跟我上巴士吧！」哈哈！說得有點過頭了，但這個就是我剛拿到自己小箱子時的雀躍神情。

慢慢開始深入了解之後，才知道原來這種盒子的名字叫「PELICAN BOX」，這是以前作為軍事用途的盒子，專門裝一些精密的儀器，甚至電影裡還會拿來裝核子武器的發射器。因為他防震防摔也很防水（聽說 PELICAN 的廣告是一輛大卡車輾過了盒子，其他東西都碎了，只有 PELICAN 完好如初），後來就被慢慢延伸成為水肺潛水用的箱子，裝一些水下器材，成為潛水人士愛用的物品。

這東西拿來給帛琉導遊用，再適合不過了。每天帶客人出海浮潛，帶著包總是不方便，如果有一個防水盒，裡面就可以裝著重要的手機、團單、打火機、錢、急救藥品等。當然除了這些功用，帛琉導遊也很聰明地將 PELICAN 的其他功能發揚光大，因為它很堅固，在無人島上可以拿來當椅子坐，在船上小憩一下時可以拿

◀◀ 防水盒非常輕巧好拿，連孩子都很喜歡搶著拿。

◀ 出海時，防水盒裡可以收納許多貴重物品。

▶ 對船長來說，防水盒是睡覺時最合適的高度。

來當枕頭，不夠高的時候可以墊腳，打架時還可以當武器。（？）總之，PELICAN 的好處多多，難怪帛琉導遊這麼愛用。（但是在台灣用可能就不太適合，帶箱子走在路上人家可能會問你修馬桶多少錢？哈哈！）

現在帶著盒子對我來說，已經是稀鬆平常的事情，常常會有客人問我說為什麼總帶著這個盒子，懶得解釋時，就會直接告訴客人：「這是我的 LV 包包，春夏最新款啊！跟你們的不太一樣吧？」通常他們都會笑著接下去問：「那裡面都裝著些什麼呀？」我就會很平淡地說：「像是手槍啊、電擊棒啊、刀啊……之類的啊！」

看著我們黝黑的肌膚，加上犀利的眼神，最好是乖乖聽話啊！

# 17 學會這句話，你就是半個帛琉人了！

大家都說，學一種語言一定是從髒話開始學起，對吧？

學習大多從「你好」、「謝謝」之後，再來就是問候人家的爸爸媽媽了……。在帛琉混了這麼久，多多少少其實也學會了一些當地的用語。通常我在這方面還滿有天分的！總是能在一句話抓到幾個關鍵字！

用當地語言當然最容易跟當地人打成一片，但總不能每一次見到人就問候別人的爸媽吧？所以問候爸媽的話就留給你們自己去探索，我決定要教你們一些我在當地學會的一些特別用語。

帛琉的語系有些複雜，除了自己的母語「帛琉話」以外，學校所教的官方語言為英文。加上曾經被日本統治過，部分的帛琉人會說流利的日文，還有許多在這裡工作的外來人口——菲律賓人、台灣人、韓國人、孟加拉人等，有非常多不一樣的人種在這裡生活。

你有沒有被我搞混啦？所以帛琉到底要用什麼語言溝通啊？

剛開始到帛琉時，我也是被這些語言搞得一頭霧水。明明是以英文為官方語言的國家，自認英文應該還不錯的我，居然在這裡無．法．溝．通？怎麼會這樣？

剛到帛琉的你，如果和我發生一樣的狀況的話，千萬別氣餒！因為這也是我在島上生活了幾年過後，才能夠了解他們的說話方式。除了他們獨特的帛琉口音以外，原來他們還會把很多不同語言的單字穿插在英文句子當中。

例如：

「客人」，通常他們會用日語的「Okyakusan」來表達。

「死亡」，他們用菲律賓的「Matai」或「Patay」來形容。

“You no more school?”很容易能夠理解，代表「你沒上過學嗎？是笨蛋嗎？」“Olek! Long time no see.”其中「Olek!」是帛琉話代表驚訝的語助詞。如果你會用「Olek!」保證你會嚇死很多人！語言這種東西通了，很快就能打成一片啦！

Alii
你好

Tutau
早安

帛琉還有許多不成文的文法，但是似乎是全帛琉人都懂得默契。如果你能不加思索地就說出這些句子，就代表你已經是一半的當地人了！

“Can do?”代表「可以嗎？」

“Can do.”代表「可以！」

例如：

“Can do park here?”我可以把車停在這裡嗎？

“Can do.”可以。“Can not.”不行。

還有帛琉人很愛用的英文詞彙，像是「Plenty」、「No more」……。

“You plenty money ah?”你很有錢齁？

“Me no more money la!”我沒錢啦！

相信等你去帛琉之後，這些都會派上用場的！

P.I.T.
PIT
TRIBORI
WAVES
SUN

在帛琉的海裡玩耍
PART 2

GULL

## 你知道嗎？

- 鸚哥魚在群游時，數量較少的會模仿同一群數量較多的體色，避免過於招搖醒目。
- 海馬會長期維持同一伴侶。雌雄海馬每天清晨會互勾尾巴一起跳一段舞之後，再各自展開一天的生活。
- 垂死魚類掙扎的信號，低於 800Hz，會吸引鯊魚出沒。
- 旗魚是世界上最快的魚，時速可達 80 ～ 110 公里。
- 成雙成對的蝴蝶魚，覓食時會不時抬頭與對方互望，像恩愛夫妻般深情對望。

在海底下，正在發生著好多好玩的事。

有比指甲還小的清潔蝦，有比巴士大的鯨鯊，他們都有著不同的長相和性格。他們似乎有著自己的規範制度，在自己的王國裡，自由自在地生活著。

只要試著把頭探下水，就可以變成他們的一員。感受到與這些海底生物接觸的感動和喜悅，感受著自己每一次的呼吸和心跳。不管是美麗的珊瑚礁還是可愛的熱帶魚，帛琉的海底世界，總是能滿足所有愛海的人們。

# 浮潛教學

## 浮潛裝備

- 面　鏡：透過面鏡，可以讓你觀看到海底世界。
- 呼吸管：讓你輕鬆在海裡呼吸，不需要抬頭換氣。
- 救生衣：可以輕鬆地飄浮在水面上。
- 蛙　鞋：在水裡可以輕鬆地擺動前進，在游長距離時較不費力氣。

正確地穿戴浮潛裝備可以讓你在水中活動得輕鬆自在。

如果穿帶的方式不正確，下水之後會像在地獄一般，海水歡樂無限暢飲。

## 面鏡

面鏡上會有一個軟墊，這是專門罩住鼻子，讓鼻子不會進水的裝置。戴面鏡時，軟墊必須朝下罩住鼻子。帶上面鏡前，請把頭髮全部撥開，有任何頭髮在面鏡裡，會造成面鏡漏水。

面鏡戴上時，檢查旁邊帶子需要在耳朵上方，在浮潛時較不容易脱落。也盡量不要壓在耳朵上，浮潛久了耳朵容易不舒服。

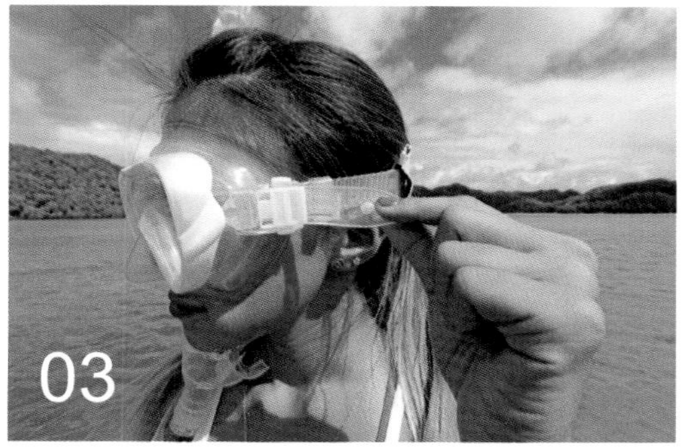


面鏡的鬆緊可以透過旁邊的卡榫調整，調整到頭晃一晃面鏡不會往下滑即可。

女生若是有綁馬尾，可以把帶子後面調整到馬尾一上一下，較不會滑動。

在浮潛時面鏡難免會進水，進水時不用慌張，頭抬出水平面，把鼻墊輕輕拉起，水自然會往下流出來。再把面鏡戴回壓緊就行。

### 面鏡起霧怎麼辦？

我們每個人與生俱來就有一種天然的除霧劑——「口水」。

下水前，往面鏡裡吐兩坨白色吐沫，並在面鏡裡塗抹均勻，只要稍微過水倒掉，可以讓你在水裡維持面鏡清晰不會起霧！（這是真的喔！不然下水霧茫茫的什麼都看不見很痛苦。）

## 呼吸管

咬呼吸管的口訣──「啊～咿～嗚」。

「啊」把嘴張開。
「咿」把牙齒輕輕咬在呼吸管的齒槽上。
「嗚」將嘴唇緊包住呼吸管。

## 蛙鞋

套腳式的蛙鞋，如果覺得不好套入的話，可以先將鞋後橡膠往後折，將腳套入之後，再把它折回來。

## 救生衣

救生衣前會有三顆扣子，把它調整到鬆緊適合自己的位置。

救生衣後方會有兩顆小扣子，須穿過胯下之後扣在前方對應的扣子上，調整到鬆緊合適的程度，為的是不讓救生衣在水裡脫落。（不要調太緊，以防卡蛋。）

## 完成圖

所有裝備穿戴完畢時，就可以準備下水啦！

Let's go snorkeling

## 浮潛點分布圖

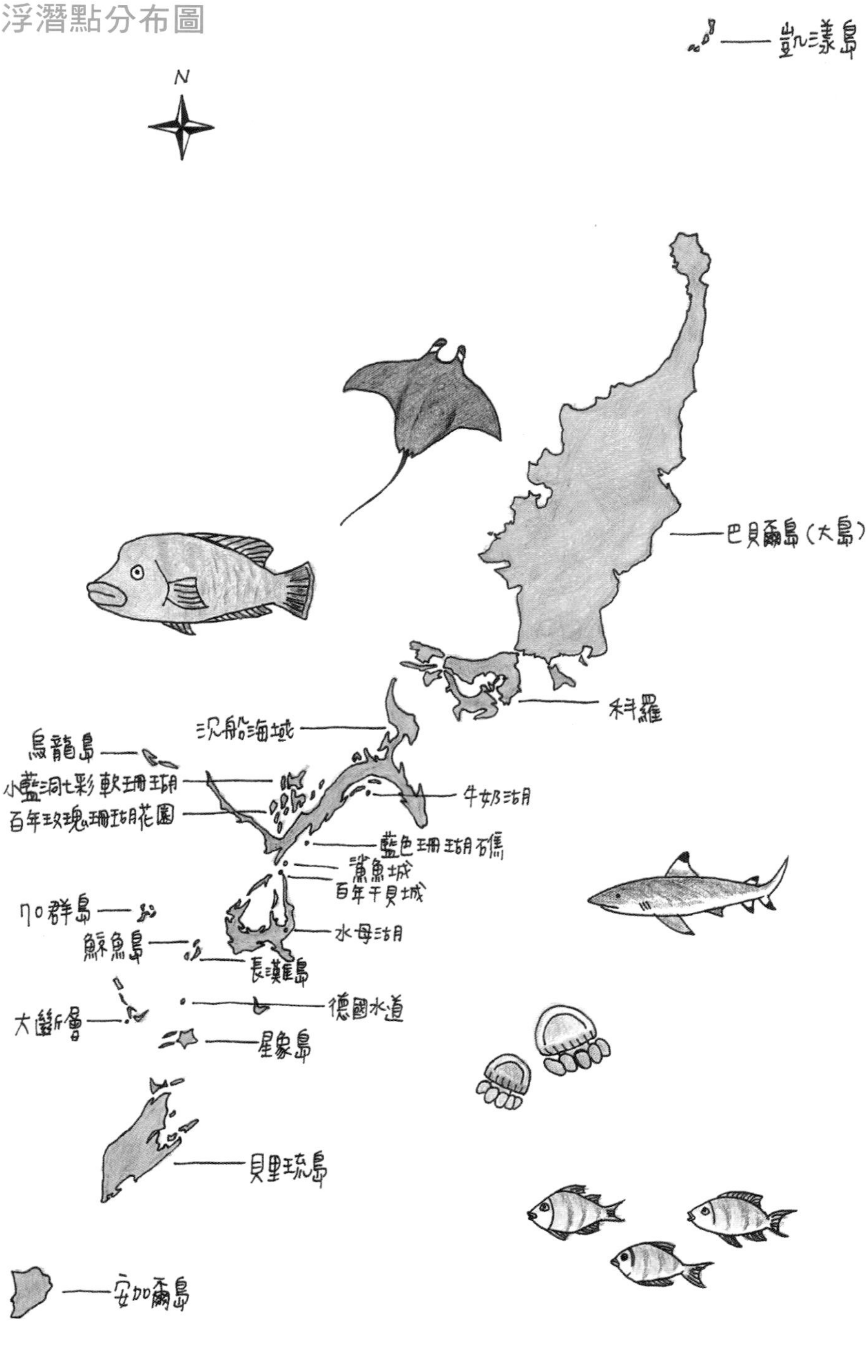

凱漾島

巴貝爾島（大島）

科羅

沉船海域

烏龍島

小藍洞七彩軟珊瑚

百年玫瑰珊瑚花園

牛奶湖

藍色珊瑚礁

鯊魚城

百年干貝城

70群島

水母湖

鯨魚島

長灘島

德國水道

大斷層

星象島

貝里琉島

安加爾島

# 牛奶湖

**困難度** ★ **能見度** ★

**深　度** 約 1 ~ 3m / 實際依照當天潮汐為準

## 能見物種

牛奶湖的能見度幾乎為零。但有時可以在湖底挖掘出客人掉的太陽眼鏡、防水相機、勞力士錶……。（笑）

上次找還到了一副假牙，有遺失的朋友快來認領喔！

## 導遊講解

牛奶湖不是一個湖，也沒有任何牛奶成分。牛奶湖以它像 Tiffany 藍的海水顏色而聞名。當快艇減速駛進牛奶湖的港灣裡時，就可以發現海水的顏色慢慢開始從深藍轉為淡淡的藍色，裡頭透著一點點的綠光，當所有人跳下水洗淨火山泥時，會暈出乳白的顏色，像是泡在牛奶浴裡一樣。

早期火山泥沉積海底，因為這裡地形較封閉，火山泥無法被洋流帶走，就一直留在這裡了，進而形成一個天然的美容 SPA 聖地。傳聞這裡的火山泥就像是百貨公司裡面賣的原料一樣，對皮膚有很多很好的療效，如：美白、去角質、返老還童等。請看我本人就知

道療效如何啦！我可是每團都來敷臉的呢！……好啦！好啦！我知道美白的功效在我身上可能沒有什麼太大的說服力，但去角質和返老還童肯定是有的吧？！（哈……有嗎？）

在這裡不需要任何的浮潛用具，導遊或助手們會潛到湖底撈起一把一把的火山泥，裝在容器裡帶上船，讓客人們在船上享用。這時候就用力地把自己抹成大衛石膏像就對了！等 10 ～ 15 分鐘泥巴稍微乾了之後，就可以跳下去泡個貴妃牛奶浴啦！泡完之後記得告訴我有沒有感覺皮膚更加滑順了呢？

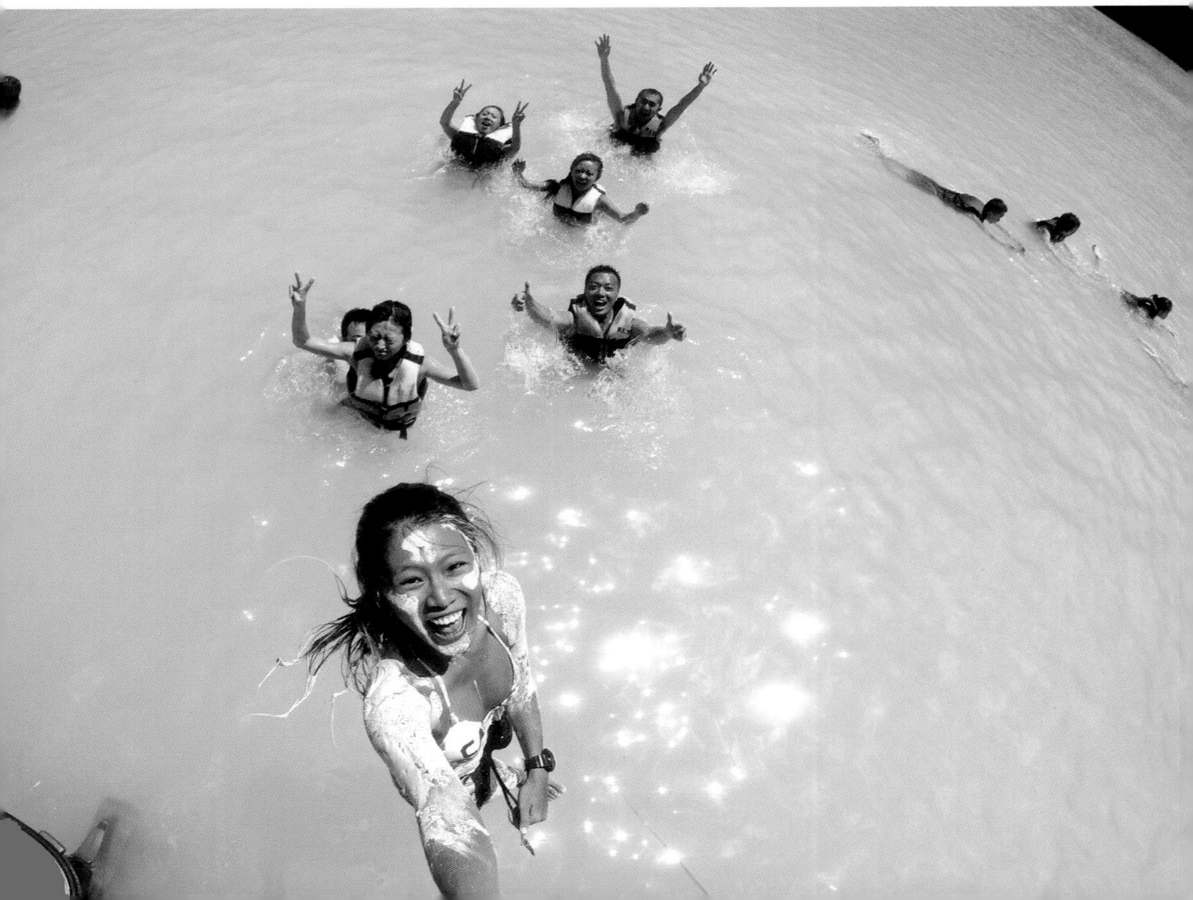

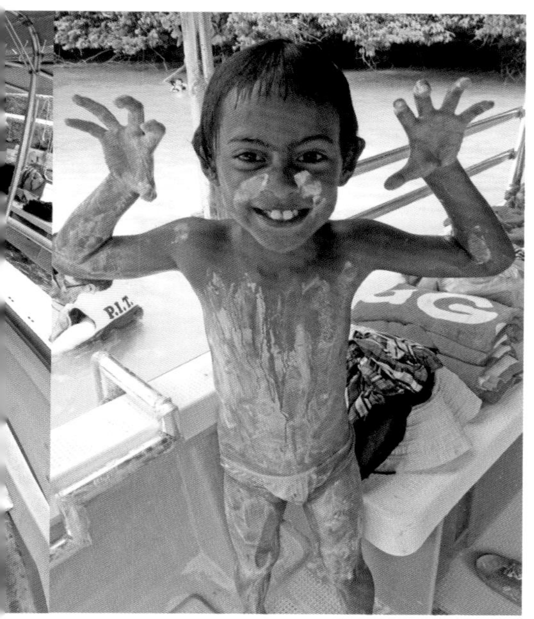

## Rachel 經驗談

一定要記得帶上你的防水相機！這裡可以照出很多好笑的照片。

想要在對方背上寫下你的內心話嗎？想要六塊腹肌嗎？用畫的就可以搞定了！

想要當髮型設計師的，趕快把握機會變身成貝克漢頭或是賭神頭！還是來張團體殭屍鬼臉照！！（誰沒擺鬼臉的？）

# 水母湖

困難度　★★★　能見度　★★
深　度　湖中央約為 30m 深

**能見物種**

黃金水母（僧帽水母）

## 導遊講解

「如果沒來過水母湖，別說你來過帛琉！」

水母湖為帛琉最著名的一個浮潛點。為什麼這座水母湖這麼有名，讓世界各國的人都爭先恐後地來參觀，不外乎就是在這湖裡面一顆一顆金黃色，猶如果凍般可愛的黃金水母。和牠們一起游泳，完全不需要擔心被螫傷，因為毒性已經退化，可以任由這些水母輕輕滑過你的肌膚，非常惹人憐愛。這裡被許多女生稱為最夢幻可愛的浮潛點。

水母湖為早期地殼變動所隆起的一座山中湖，湖裡面一樣是海水，會跟著外界潮汐而漲潮退潮。海水可以透過微小的珊瑚礁隙縫流動交換，但這些微小的隙縫無法讓海中生物通過。水母湖裡的水母長久無法接觸到外界的天敵，久而久之，不需要再使用這些毒性之後，長長的觸鬚就慢慢地變短，退化成無毒水母。

去到水母湖之前，必須要先爬一座不是很好爬的礁岩山，大概六層樓高。約在兩年前時（也就是水母稅金從 $35/人漲成 $100/ 人的時候），帛琉政府為了要因應更多的遊客，已經把原本很難爬的礁岩山上蓋好一層一層的階梯，變得比前好爬多了，只要把手抓好繩子，一步一步踩穩上山就行。下山之後，會經過一座濕滑的木橋（小心別打滑），再來把鞋子擺整齊在浮台上，就可以準備游出去看水母了。這些水母不是一年四季都在湖裡的同一個位置，牠們會隨著陽光而位移，下水之前請先詢問一下導遊水母最多的位置，否則有如兩個足球場大的水母湖，相信我！會浪費掉你許多體力的！

## 水母湖的規定

- 進水母湖之前，請把身上、口袋、腳上的沙子洗乾淨，請勿帶任何外來物種進到水母湖，外來的物種容易改變水母湖裡的生態。
- 請勿擦防晒乳，容易傷害水母。
- 請把多餘的個人用品留在船上，只攜帶下水的裝備即可。
- 在水母湖裡浮潛時，請放輕所有的動作，手腳勿用力拍打，水母非常脆弱，很容易被蛙鞋踢到之後撕裂。
- 雖然水母毒性已退化，但盡量避免接觸到嘴唇四周（除非你想變成香腸嘴，哈哈），或是較纖細的部位，如頸部肌膚。水母還是帶有一些些微弱的毒性。
- 請勿把水母抬舉出水面，或丟擲水母。水母由水分所組成，離開水即死亡。
- 水母湖裡請勿水肺潛水，吐出的氣泡會把水母帶上水面，會對水母造成傷害。在 14m 以下的範圍存在著對人體有害的有毒氣體。
- 請好好愛護水母湖裡的水母，讓之後的遊客還能一睹牠們可愛的風采。

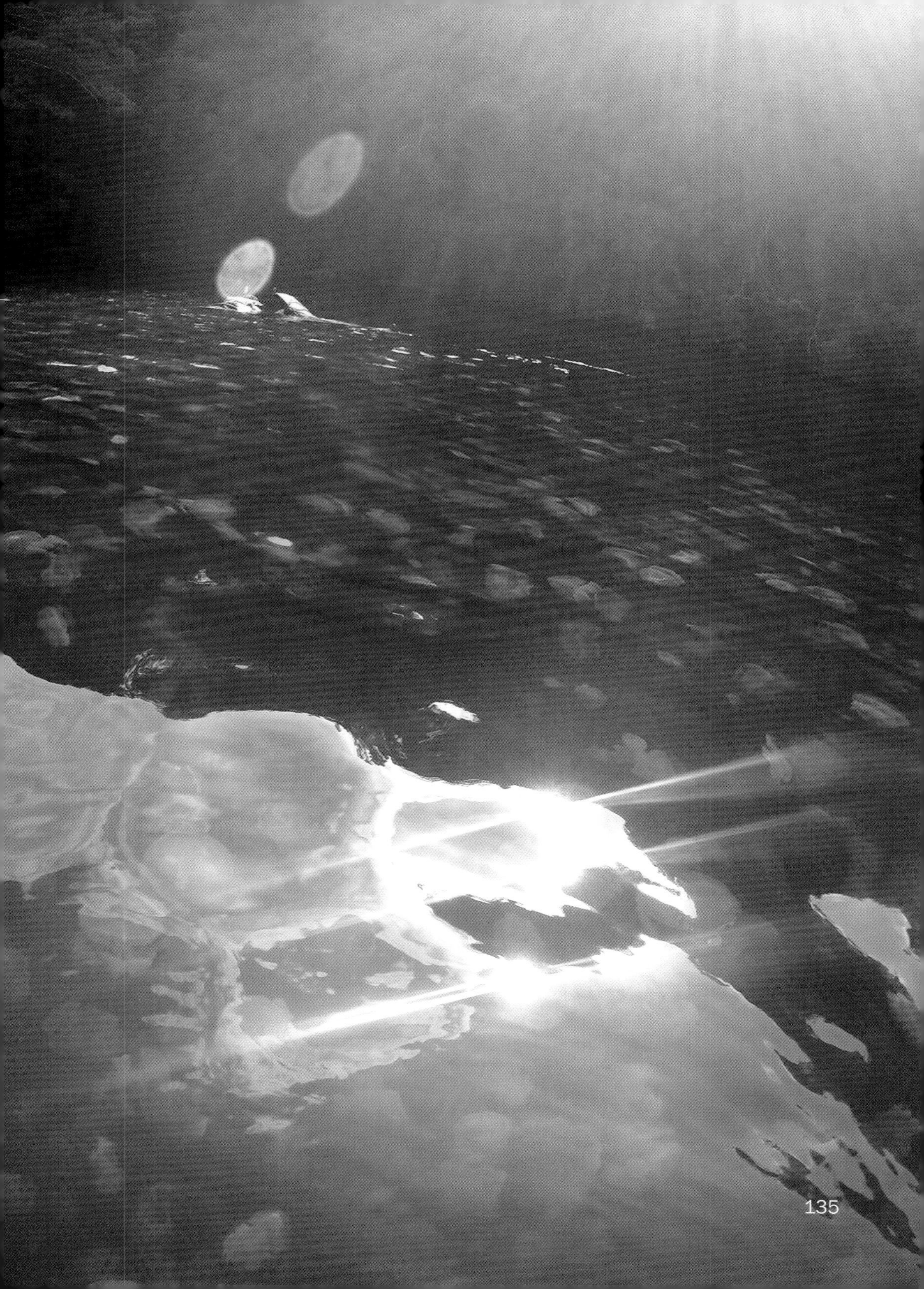

## 水母湖問與答

每次看完水母湖之後，都會有許多客人對於這些可愛的生物感到好奇，在回程的山路上會不斷地問 Rachel 關於水母的問題。每次一邊爬山一邊回答的我，都喘得上氣不接下氣，Rachel 這次就在這裡一次公布大家對水母寶寶的所有疑問。

### ■ 真的只有一座水母湖嗎？

其實帛琉總共有 8 座像這樣的水母湖，但目前只有一座對外開放。

傳聞在印尼也有一座像這樣子的無毒水母湖（Indonesia, KaKaban），但目前我自己也還沒有親身造訪過。

### ■ 以前曾經有鱷魚出沒？

是。水母湖也是紅樹林分布密集的地方，為鱷魚喜愛的棲息之地。曾經有鱷魚出沒在湖中，但在 2011 年時，帛琉政府已經將這隻鱷魚捕獲，並且承諾湖裡不會再有其他的鱷魚出現。

### ■ 水母有沒有分性別？

有。水母在成長到 2 ～ 3 個月之後開始會出現性特徵，一樣有雌雄之分。

（如果想知道怎麼分辨，請來帛琉找我，我翻給你看。）

### ■ 水母吃什麼？

水母不吃東西的，水母靠身上的共生藻類來提供養分給他們。水母與共生藻為互利共生的關係，共生藻需要行光合作用，水母會盡可能地接近有陽光的地方，共生藻把得到的能量再轉換成養分給水母。

## ■ 水母的壽命多長？

水母的壽命其實非常難評估，但壽命大約 6 ～ 10 個月。

## ■ 水母怎麼繁殖的？

水母的繁殖可以說很簡單，但卻又很複雜，也讓我想了許久才明白。以下簡單說明：

medusa 公 ＋ medusa 母 ＝ larva（幼蟲）→ polyps（水息蟲）

polyps（水息蟲）↗ medusa（觸角開始變化，形成小水母之後分離。）

polyps（水息蟲）↘ polyps（直接複製，從身體長出一部分，切斷之後分離。）

## ■ 水母湖 14m 以下有生物嗎？

沒有。在水母湖 14m 以下的範圍，沒有氧氣，除了細菌以外沒有任何生物可以生存。除此之外，在 14m 以下的範圍存在著有毒氣體——硫化氫。這種氣體可以溶解在水中，並可以藉由皮膚組織滲透到血管裡，阻擋血液運送空氣到全身，會造成人體的生命威脅。所以在水母湖裡，自由潛水盡量不要超過 10m 的範圍。

## ■ 水母可以吃嗎？

哈哈哈，別笑！這大概是我每團必定會聽到的問題。

在帶團時最常聽到的問題大概就是「這能不能吃？」「海參！這能不能吃？」「樹上的果實，能不能吃？」「這個海星好可愛，能不能吃？」我相信天上飛的、路上走的、海裡游的，只要不是飛機或是汽車，就會有人想吃吧？（笑）

答案是：是的。水母是可以吃的。海蜇皮就是水母所做成的。

但是看過這麼可愛的水母之後，你還會忍心吃牠嗎？

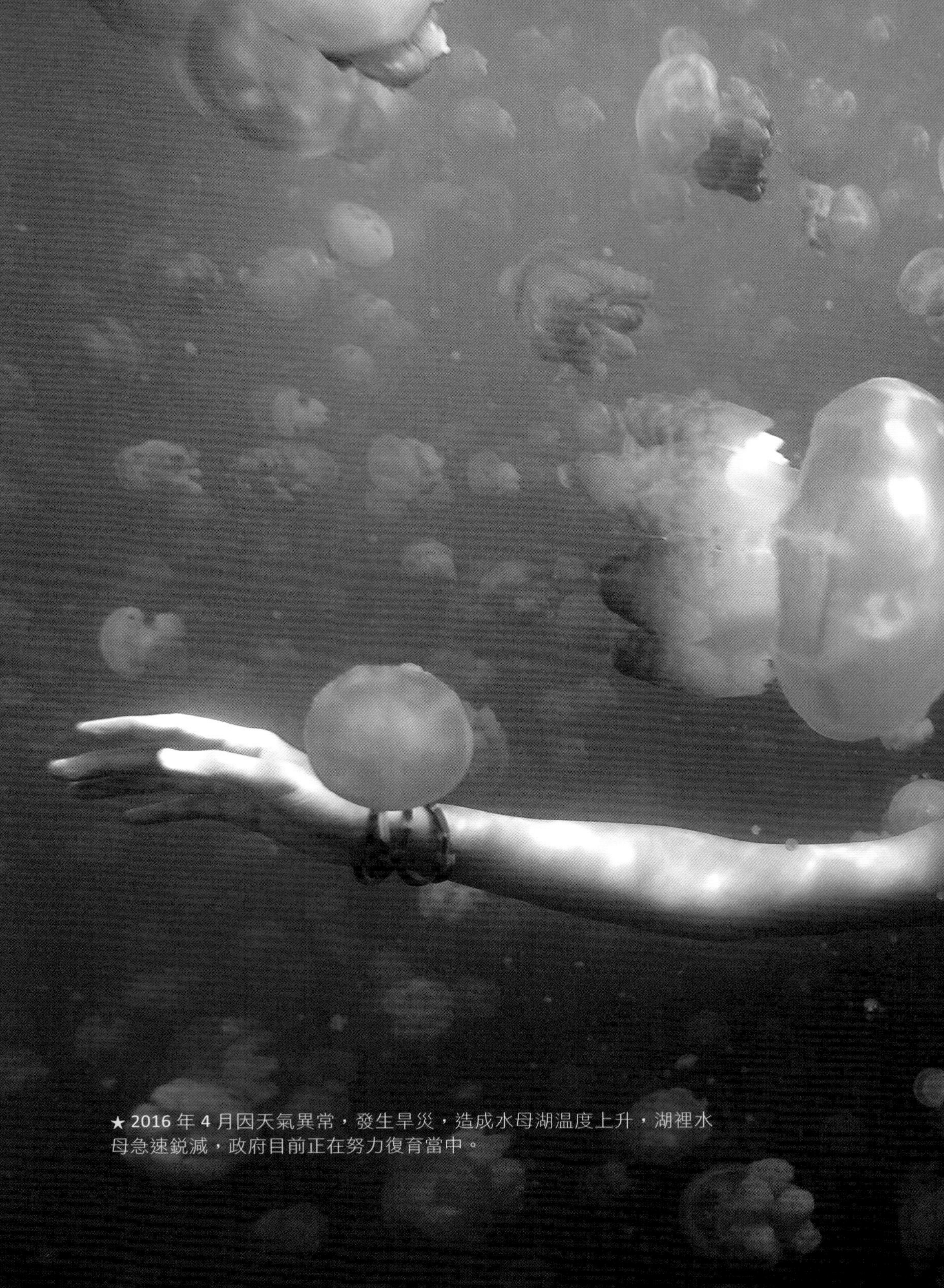

★ 2016 年 4 月因天氣異常，發生旱災，造成水母湖溫度上升，湖裡水母急速銳減，政府目前正在努力復育當中。

# 大斷層

困難度　★★★★★　能見度　★★★★★

深　度　1 ~ 600m（實際依照當天潮汐為準）

## 能見物種

大斷層有非常豐富的熱帶魚種，還有許多不同的珊瑚生態，如：菊珊瑚、紅、黃色大海扇、小丑魚 Nemo 與海葵、金字塔蝴蝶魚、泰坦砲彈、小丑砲彈、神仙蝶魚、人字蝶魚、網狀蝶魚、紋倒吊、皇帝魚、管口魚、石斑魚、刺尾鯛、大型牛港鰺、在清理傷口的魚醫生、有時會遇到海鰻、海龜，或鯊魚游過身旁，在岩石縫中也可以看見許多藍、綠、紫色的小硨磲貝。

## 導遊講解

大斷層顧名思義是一個非常大的斷層落差，由 1m 的淺礁直直降落到大約 600m 的深海。在所有浮潛點裡，大斷層屬於困難度最高的，因為是位於南端環礁以外的海域，沒有被環礁保護，常常會有風浪和水流，如果遇到天氣不好或風浪太大時，有時船隻會無法到達。但通常越是困難的過程，結果通常是越迷人的。

大斷層被譽為上帝的水族箱。

當船隻抵達大斷層時，在水面上就可以發現，海水的顏色畫出了一條很明顯的線，區隔著深淺礁。浮潛時只要沿著這個深淺交會的地帶慢慢往前游，就可以欣賞斷層邊的美景，船隻會在另一頭接你上船。在一開始下水時，會感受到一股寒意從腳底直直湧上心口，因為在外海的水通常比裡面的水冷。再來，即將映入眼簾的場景，會讓你完全忘記寒冷。魚群成群的在斷層邊穿梭，海水清澈得不可思議，從深不見底的蔚藍色中透出一絲一絲的光線，這時候會很想張開手去捉住幾道光，卻發現捉到的都只是透明的海水。

繼續往前，大顆的菊珊瑚出現在右手邊，紅色的海扇佇立在斷層上，小丑魚 Nemo 在海葵附近徘徊，大石斑張開大嘴讓魚醫生清理牙齒，鸚哥魚不斷啃著珊瑚上的藻類，在水中都可以聽到「叩叩叩」牙齒撞擊珊瑚的聲音，大型的魚類在深層的地方來回穿梭，感覺非常的熱鬧，似乎在水底下又是另外一個屬於牠們的世界，想盡可能地不去打擾到牠們。

在接近斷層中間的區域，可以看見上百隻身上由橘色、黑色、白色相間的金字塔蝴蝶魚在斷層旁邊，成群地朝同一個方向游著，畫面極其壯觀，彷彿 Discovery 或動物星球頻道裡面的畫面，活生生地在眼前上演。蝴蝶魚小小白色的身軀在斷層邊游動，像極了斷層旁正在下著雪，我們都稱這為帛琉的雪（但其實帛琉一年四季都是夏天）。真不愧大斷層為許多人心中的第一名浮潛點。只要挑戰完這個浮潛點之後，其他的浮潛點都是小菜一碟啦！

GULL
G-SHOCK

## Rachel 經驗談

大斷層真的是一個非常美麗的浮潛點，但若是遇到風浪過大時，還是必須依照當地船長指示，安全第一，千萬不要硬衝。

大斷層偶爾會有一種危險的魚類出現——「泰坦砲彈魚」。大型的泰坦砲彈在產卵季節時會有強烈的領域性，牠的護卵行為，會主動驅離入侵者。這也是潛水客最討厭遇到的一種魚，如果不小心游到牠的領域時，牠會快速游向你，並且張嘴露出上下兩顆大牙咬你，作為警告。有時候蛙鞋會被牠咬住，或者防寒衣會被牠咬破兩個大洞，身上會瘀青。若是真的遇到這種有攻擊性的大魚，請繞道游，只要不游在牠的領域之中，牠就不會再追你。

Rachel 之前就曾經在大斷層遇過幾次泰坦砲彈魚。那時還是在帶團，客人陸續下水浮潛，當我們游到一半的時候，在前面領頭的我，早已經發現了這隻泰坦砲彈魚的蹤影，馬上呼喊著所有客人繞道游，不要游在牠的地盤上，大部分客人聽從指示繞出斷層邊，都沒有受到泰坦砲彈魚的攻擊。只有一兩位客人一直朝著那隻大魚追著拍照，後來果不其然，被泰坦砲彈魚咬到了，一個咬到手，另外一個咬在屁股上，上船之後不斷哀號著無法坐下。後來擦了擦藥之後，所幸都沒有什麼大礙。但船上同行的團員們都笑他們，每次都是我們吃魚，這次被魚咬到屁股這還真是頭一遭啊！還好這不是什麼食人魚之類的！（笑）

# 鯊魚城

困難度　★★★★　能見度　★★★

深　度　5 ~ 20m（實際依照當天潮汐為準）

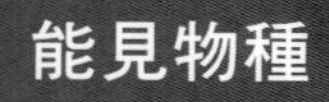

## 能見物種

黑鰭礁鯊、印魚、六帶鰺、砲彈魚、梭魚、雙帶鰺、黃尾冬，有時候會有一整群的魚球出現在這裡。

## 導遊講解

曾經有跟鯊魚一起游泳過的人，請舉手！（如果有的，現在應該也不在了吧？）

通常提到鯊魚，大家應該都會先退後兩步，「真的假的？跟鯊魚一起游泳？在電影裡面看到的鯊魚都是會把人撕成碎片，血染大海的耶！」

來來來，聽我説，其實鯊魚一點都不恐怖，大多數的鯊魚都不會主動攻擊人！少數具有主動攻擊性的鯊魚，聽名字就能分辨，如：大白鯊、虎頭鯊、公牛鯊等。但是我們在海裡看到的大多數都是溫馴的鯊魚，如：護士鯊、豹紋鯊、黑鰭礁鯊、灰鰭礁鯊、白鰭礁鯊、長尾鯊、濾食性的鯨鯊等。其實看久了，會發覺牠們其實長得挺可愛的！

在鯊魚城這個浮潛點，免不了也是要下水浮潛的，跟這些可愛的大傢伙們做個近距離接觸。在中午吃飽飯過後，船長會將船隻開到鯊魚島附近的海域，這時候就是 show time 了！在所有人都下水之後，導遊會開

始用一些招數吸引這些鯊魚出來。一開始鯊魚會慢慢在沙地上徘徊，接著就慢慢地越來越接近水面，最後會在浮潛客的腳下來回穿梭。這時候很多客人都會尖叫出聲，有些人則是神情故作鎮定，卻趴在水面一動也不敢動，看得我們都覺得好玩。

這些在鯊魚城裡的鯊魚，因為牠背上的黑鰭，我們稱為「黑鰭礁鯊」（Black tip reef shark）。通常在水肺潛水時也很容易可以看的到黑鰭礁鯊，還有牠的近親，白鰭礁鯊、灰鰭礁鯊，也都是海裡的常客。在這些鯊魚身上，我們可以觀察到很有趣的生態。首先是一直吸附在鯊魚身上的「印魚」，這種魚的頭上有個很像腳印形狀的吸盤，通常會吸附在大型魚類的身上，一邊搭順風車，一邊撿拾大魚吃剩下來的碎屑殘渣。另外一種黃色的小魚，我們稱為「六帶鰺」或是「領航魚」，喜歡游在大型魚類如鯊魚、蝠魟的前面或旁邊，藉機獲得庇護，看起來就像領頭魚一樣。

比起人類怕鯊魚，恐怕鯊魚更是害怕人類

鯊魚從四億五千萬年前演化至今，依然存活在地球上。不外乎是因為有些優勢存在，如少有天敵、成長快、體型大等。在電影裡面，大家總是把鯊魚塑造成非常恐怖且血腥的腳色，甚至把牠形容成某種怪獸，總是攻擊人類，讓人們感到懼怕。但是在我開始接觸了解海洋生物之後，發現根本就不是如此。大部分的鯊魚本性溫馴可愛，若是食物鏈完整，鯊魚有足夠的食物，根本不需要主動去攻擊人類。倒是在了解的過程中，我目擊了許多怵目驚心的照片，關於人類過度捕殺鯊魚。人們把捕獲的鯊魚，不管是成鯊、幼鯊，全都割去背鰭、尾鰭之後丟回海裡，血染了大海，然後讓這些鯊魚自生自滅。斷了尾鰭之後的鯊魚無法游泳，只能任由其他的魚群啃食，並沉入深海。可以試想，若是把一個人的手腳斷去丟入海裡，這是

多麼殘忍的事情。這個畫面令我一直難以忘懷。

這些商人把得到的魚鰭變賣，只為了作為宴會桌上的魚翅。但其實鯊魚在食物鏈的頂端，魚鰭的汞含量都非常的高，吃魚翅對身體只有百害而無一益，殺了這麼多鯊魚，只換來一身病，值得嗎？

如果愛牠，就別吃牠。

拒吃魚翅。

拒吃魚翅。

拒吃魚翅。

## Rachel 經驗談

帛琉在 2009 年正式成為世界鯊魚保護區。

在這裡任何鯊魚的獵殺都是違法行為，如果釣魚不小心釣到鯊魚，也必須要立即放回海裡，若是政府看到有任何關於傷害鯊魚的照片，必定重罰。這是一個就連當地人也一直很遵循的法規。也因為這樣，越來越多的鯊魚在這裡被發現。若是喜歡鯊魚的朋友們，歡迎到帛琉來潛水，在這裡潛水，鯊魚多到看不完！

我自己最喜歡的一種鯊魚是「鯨鯊」。

「鯨鯊」又稱為豆腐鯊，是世界上最大的魚，可以長到18公尺，重40公噸，可以說是海中的巨無霸，但牠的個性卻非常溫和，行動緩慢。我曾經在菲律賓、馬爾地夫與牠邂逅，一直到現在還無法忘記牠龐大可愛的身軀。鯨鯊的模樣非常討喜，藍灰色的身體，上面帶著許多白色的原點，有著兩個很小的眼睛，卻有一張扁平的大嘴，每次一張嘴可以吞入許多海水，並濾食小魚、小蝦維生。鯨鯊的習性常會浮游在水面，也因此常被漁民捕殺。因為鯨鯊幼魚數目少，禁不起過度捕撈，目前鯨鯊已經列為保育類動物。

# 百年干貝城

困難度　★★　能見度　★★★

深　度　2 ~ 8m（實際依照當天潮汐為準）

**能見物種**

硨磲貝（干貝）

## 導遊講解

上次有一個客人在看完這個浮潛點之後，上船很興奮地告訴我：「Rachel ！在這裡可以看到硨磲貝的生老病死耶！」

剛開始我不太懂她說的，後來在仔細觀察過後，發現在這個區塊裡，果真可以看到硨磲貝的一生。從剛出生的小硨磲貝，一直到超過 100 歲以上的硨磲貝，也可以發現干貝唇已經變白，生病的硨磲貝，還有只剩下兩片空殼已經死掉的硨磲貝，這裡像是硨磲貝的人生跑馬燈一般。

剛出生的小硨磲貝會在岩石隙縫當中開開合合的，顏色通常較成熟的硨磲貝鮮豔，因為共生藻不同所以顏色也都不一樣，大多為螢光綠、天空藍、紫色等。卡在岩石縫中的小硨磲貝隨著年齡長大，會分泌一種酸性物質，在岩石上溶解出更大的空間，以利於自己的生長。成熟之後的硨磲貝開始可以明顯地觀察出干貝唇上的兩個孔，用來過濾海水和浮游生物。

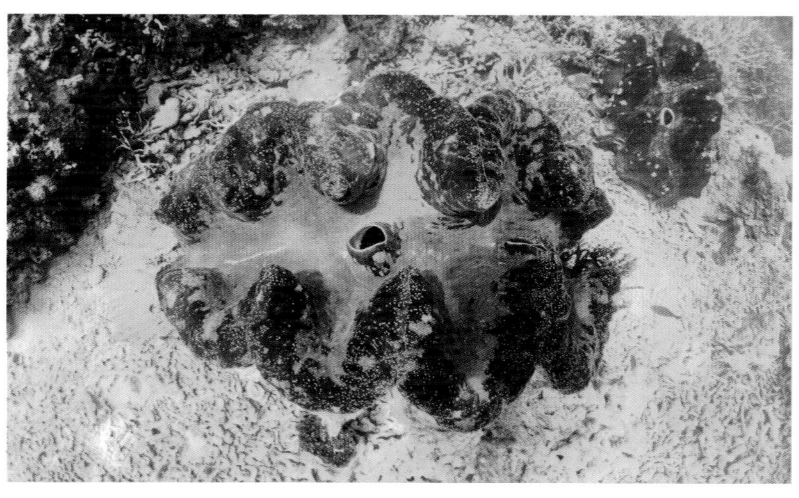

干貝在前幾年的生長速度通常較快，但到了成熟過後，成長變慢，一年大約只會生長 1 公分左右。這也是造成百年干貝城這麼有名的原因，在這裡，每一個直徑約長 130～150 公分的大干貝，都已經生長超過 100 年的歷史了，如果在民間故事裡應該都已經可以修煉成干貝精了吧！

大約在三、四年前，這裡海域大約還有 30 顆左右的大干貝，但是隨著觀光客越來越多，還有一些不肖人士的盜採（聽說這是當地人的威而鋼），大干貝的數量越來越少，現在剩下不到 20 顆（如果在浮潛時看到只剩兩片空殼的，就代表是被人用刀挖走啦）。政府現在已經開始發起保育大干貝的活動。

## 計畫性開採

在帛琉，現殺干貝是一道非常熱門的海鮮。但並非所有的干貝都能開採，年齡大小符合規定的才會在餐廳發現。如果本身不怕海鮮腥味的朋友可以嘗試看看，通常干貝兩吃分為：干貝柱切片生吃，口感脆脆的，並不像我們想像中的軟 Q 軟 Q，還有干貝唇辣炒，咬起來非常有嚼勁。Rachel 都有嘗試過，但都不是我的菜就是了。吃完的干貝還有很多作用，當地人會把干貝殼磨製成吃檳榔時所加的干貝粉，大一點的干貝殼會被拿來當成菸灰缸，或者加工做成硨磲飾品。

## Rachel 經驗談

通常只要一說到干貝，相信大家第一反應就是要流口水了。但我的反應跟大家比較不一樣，一說到干貝，我並不是很想吃牠，我很想要「養牠」。

我一直很想要養一顆干貝，就像養一隻小狗一樣。

我想要把牠養到跟我的浴缸一樣大。

某一天心血來潮，跟土人買了一顆活干貝，大約我的兩隻手捧起來這麼大的干貝，開開心心地把牠帶回家，放在一個大水桶裡。原本緊緊閉著的殼，在碰到水之後就慢慢地張開，露出了亮綠色的干貝唇。我看到了之後開心得不得了，心想：「牠應該會喜歡牠的新家吧？」

原本正煩惱著怎麼樣營造一個像大海的家，這時候突然靈機一動，讓蓮蓬頭的水持續注入小小的水流，這樣可以模仿海中海水的交替。那海水中的鹽度怎麼辦？馬上跑去廚房，撒了點鹽巴進水裡，心想可以模仿大海的鹽度，這樣應該就沒有問題了吧？明天再去拿點擺飾讓他感覺更像在海裡好了！我心裡打好了如意算盤。睡覺前又再去看了看牠之後，就安心上床了。

接下來，我想你們應該都已經猜到發生什麼事了⋯⋯。

隔天早上起來發現廁所發出一股很濃的海鮮味。蓮蓬頭的水還持續不斷地流著⋯⋯。「天哪！怎麼這樣？！我真的對不起你⋯⋯。」我的干貝殼張得開開的，一動也不動，怎樣碰牠都不合起來了。

這個活生生血淋淋的故事教會了我一件事：

「鹽巴＋水≠海水」

（以上為不好的示範，請勿模仿）

# 百年玫瑰珊瑚花園

困難度　★★　能見度　★★★★

深　度　1 ~ 12m（實際依照當天潮汐為準）

## 能見物種

各式各樣的珊瑚種類，玫瑰珊瑚、鹿角珊瑚、枝狀珊瑚、靈芝珊瑚，宛如海底的一座花園般。最著名的一朵玫瑰珊瑚，躲在靠近洛克群島的岩壁下方，大小約如一個人把手腳都打開這麼大朵。許多熱帶小魚，如：黃尾冬、藍綠光腮雀鯛、小丑魚 Nemo、豆娘魚、神仙魚、四線雀鯛、粗皮鯛、隆頭鸚哥魚、有時嘴唇厚厚、模樣呆頭呆腦的蘇眉魚家族（拿破崙魚）也會在船的四周徘徊，非常可愛。

## 導遊講解

這是一個很安全的浮潛點，由一個浮球圈圍起來，早期原本是生物學家用來研究珊瑚時所圍起的，後來延伸成為當地船長停船時的依據，也成為浮潛客浮潛時的警戒線，浮潛時只要不超出浮球圈就可以。

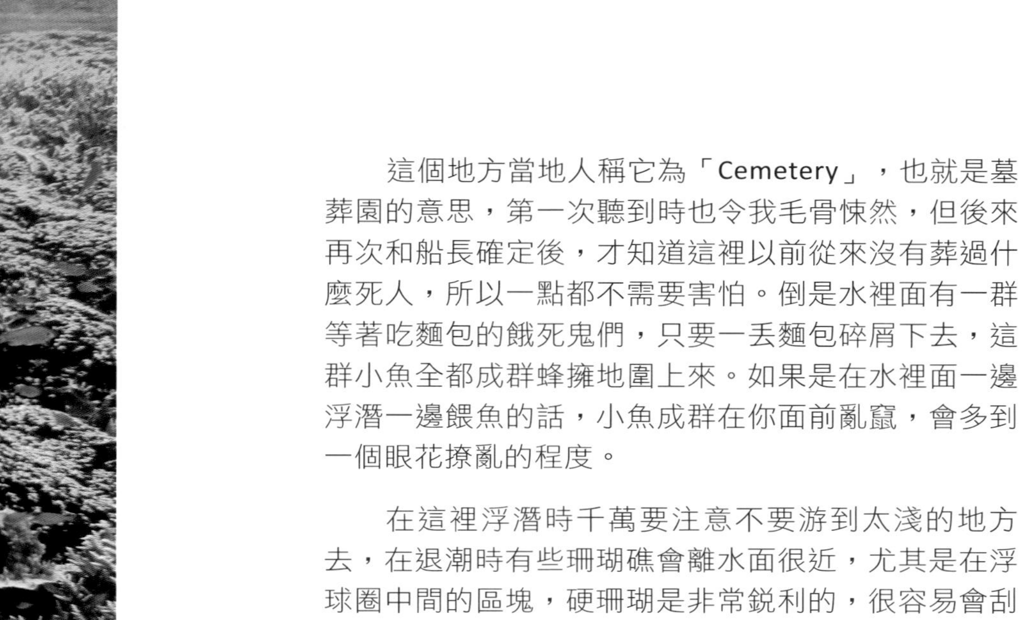

這個地方當地人稱它為「Cemetery」，也就是墓葬園的意思，第一次聽到時也令我毛骨悚然，但後來再次和船長確定後，才知道這裡以前從來沒有葬過什麼死人，所以一點都不需要害怕。倒是水裡面有一群等著吃麵包的餓死鬼們，只要一丟麵包碎屑下去，這群小魚全都成群蜂擁地圍上來。如果是在水裡面一邊浮潛一邊餵魚的話，小魚成群在你面前亂竄，會多到一個眼花撩亂的程度。

在這裡浮潛時千萬要注意不要游到太淺的地方去，在退潮時有些珊瑚礁會離水面很近，尤其是在浮球圈中間的區塊，硬珊瑚是非常銳利的，很容易會刮傷腳或是膝蓋。在浮潛時稍微評估，若是珊瑚離水平面已經少於一米的時候，就繞道而行，別讓自己擱淺在珊瑚礁上，傷痕累累地回來啊！還有一個很大的忌

諱是，千萬別踩踏在珊瑚礁上面，當地人非常不喜歡看到遊客踩珊瑚，當地的導遊也都會制止你。這不僅會讓自己受傷以外，也很容易踩斷珊瑚，斷了的珊瑚通常都需要花很長的時間才能再復育。

這個浮潛點最有名的，除了它像是一座海底的珊瑚花園外，另外就是有一朵目前發現最大朵的金黃色玫瑰珊瑚，一片一片金黃色珊瑚有如玫瑰花的花瓣圍繞著，優雅

地躺在海底。她的美麗成為浮潛客爭先恐後拍照的對象，但也因為許多人的蛙鞋不小心踢到，玫瑰珊瑚身上已經多了許多傷痕。根據 Rachel 這幾年的觀察下來，玫瑰珊瑚的白化現象已經越來越嚴重了，真讓人惋惜，不知道她的美麗還能維持多久。為了讓以後的人也能看到玫瑰珊瑚美麗的風采，人客啊！在你來看玫瑰珊瑚時，請千萬小心不要再踢傷她了啊！

## Rachel 經驗談

這裡是我自己個人最喜歡的浮潛點之一。

因為水清、魚多、沒水流，很適合拍照。

每次常常都會在這裡都會玩得不亦樂乎，忘記上船的時間。（哈哈哈！）

我有許多水裡的美照都是在這裡拍出來的喔。（笑）

餵魚其實目前是一個有爭議性的行為。

有時把吃剩的雞骨頭丟進海裡餵魚，這是很多當地人所認為的一種回歸大自然的方式，因為這是有機的東西，在水裡會自然分解（當然，很多人造化學物質的東西就不相提並論）。但是當餵食的數量變多變大時，有些學者擔心，這會改變海裡原本的生態。像是遊客帶麵包餵魚的行為，會讓魚失去自身覓食的天性，進而讓魚群的習慣改變。像是有些本來清理珊瑚碎屑的魚群若是罷工，改成吃麵包了，珊瑚礁可能就會缺少了這些魚的清理，造成整個海底生態的不平衡。又或者是魚群習慣了「有遊客＝有食物」的模式，倘若下次有遊客但沒有食物時，是否會開始有攻擊行為？

雖然法令還沒完全禁止，但現在島上已經有許多有環保意識的旅行社開始禁止餵魚的行為。

# 小藍洞
# 七彩軟珊瑚

困難度　★★★　能見度　★★

深　度　洞口約 5m，旁邊的珊瑚礁小斷層約由 1 ~ 15m（實際依照當天潮汐為準）

## 能見物種

粉紅色棘穗軟珊瑚、酒紅色棘穗軟珊瑚、黃色棘穗軟珊瑚、紫色棘穗軟珊瑚、橘色棘穗軟珊瑚、紅色棘穗軟珊瑚（總之在這裡就是要看很多不同顏色的棘穗軟珊瑚），還有許多圍繞在旁邊的小金花鱸魚。

## 導遊講解

我們在海裡看到的大多數珊瑚都是以硬珊瑚居多，像是鹿角珊瑚、蕈珊瑚、菊珊瑚等，在浮潛時，軟珊瑚通常比較少見到。但是在這個天然形成的洞穴地形中，就不偏不倚地長滿了許多軟珊瑚，集中在洞口的兩側和洞口下方。這些軟珊瑚的模樣相當討人喜愛，像極了軟軟的棉花糖，在水裡跟著水流搖擺著身軀。粉紅色、粉黃色、粉橘色、粉紫色，整個粉色系列更讓洞口充滿了夢幻的想像。

「通常越美麗的東西，毒性通常是越強的。」這是小時候媽媽都有教過的一件事。

軟珊瑚固然可愛，但是軟珊瑚猶如許多美麗卻有毒性的魚類一樣，外表披著鮮豔的顏色，身上卻帶著一些具有微弱毒性的芒刺，若用手觸摸到了，會感覺到些微刺痛並且癢癢的。所以在觀賞她時，千萬別想伸出你的鹹豬手摸她，更不要用蛙鞋或是膠鞋去踢她，她們是非常非常脆弱的。

## Rachel 經驗談

看似簡單的浮潛點，其實其中暗藏了許多玄機。

在這個洞口的下方常會有水流的交換，尤其是在漲退潮交換時，會有更明顯的感受。所以在這個洞口下方浮潛時，常會感覺到一股水流帶著你，有時會順流，有時會逆流。若是在洞口下方遇到逆流時，記得先游到洞口的兩側，避開洞口中間強勁的水流，大約等個 2 分鐘左右，水流會交換變成順流，這時候再跟著水流游過洞口。游到對面洞口時也是一樣的動作，稍微等水流變向時，再跟著游回來就好。總之就是跟著水流的流向，在洞口下方來來回回地欣賞軟珊瑚，這是最輕鬆的方式。

# 沉船海域

困難度 ★ 能見度 ★

深 度 2 ~ 12m（實際依照當天潮汐為準）

## 能見物種

二戰的沉船遺址，可能還有些骷髏頭……。
（哈，開玩笑的啦）

## 導遊講解

在二次世界大戰時，帛琉是美軍和日軍交戰非常激烈的戰場，在帛琉的海域裡留有許多以前戰爭時期的沉船、沉飛機、砲彈等，還有許多藏在洛克群島當中的隱密碉堡、防空觀測站、彈藥補給站。帛琉政府並沒有把這些遺跡銷毀的打算，反而想讓遊客來到帛琉造訪時，可以親眼見證這些歷史的痕跡。

在帛琉，大多數的沉船或是沉飛機都分布在比較深的海域，大約在 20 ～ 40m 左右，屬於水肺潛水的區域。因為在海裡的時間悠久，約有 70 ～ 80 年左右，在這些殘骸上都形成了一些特有的生態，像是可以看到在飛機機翼上

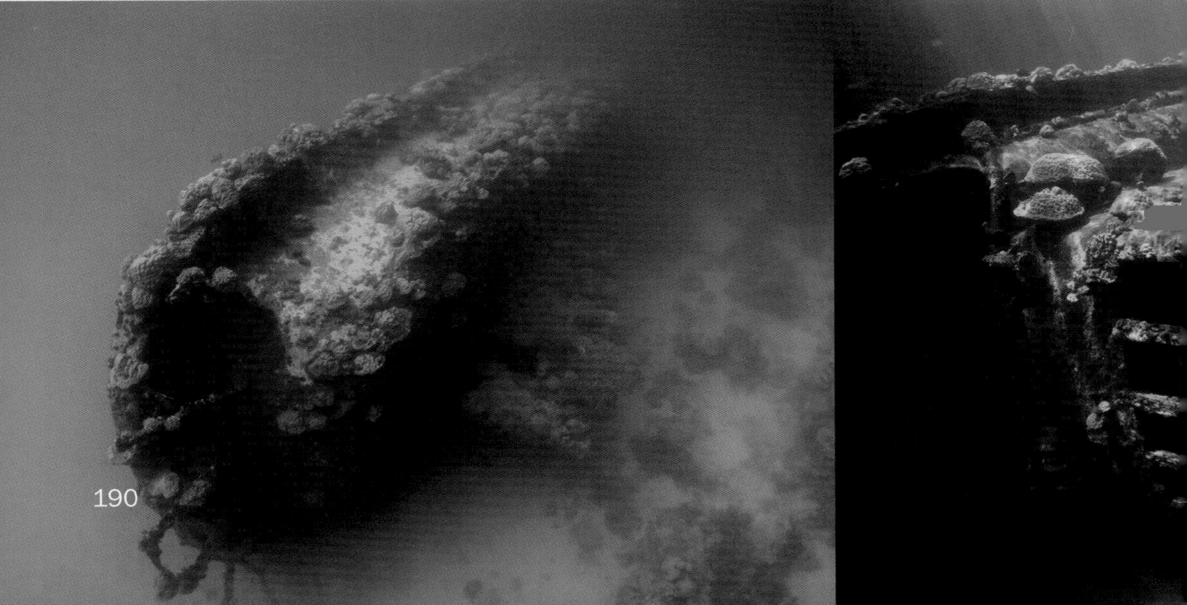

附著著許多岩石狀的珊瑚，或是在老舊的船軌上長滿了顏色鮮豔的軟珊瑚，甚至還可以看到小魚在駕駛艙裡游來游去，構成一幅非常有趣的畫面。這種有別於其他一般普通的潛水，也吸引了許多水肺潛水員來帛琉，專門就是想看這些沉船的遺跡。

而其中一個不需要水肺裝備就可以輕鬆看到的沉船，就在這個浮潛點。

整艘船的船身非常完整，估計當時是為了要躲避敵軍，開到灣內而觸礁翻覆，整艘船倒在海底的沙地上，四周被洛克群島包覆著，全長大約 22m，寬約 7m。

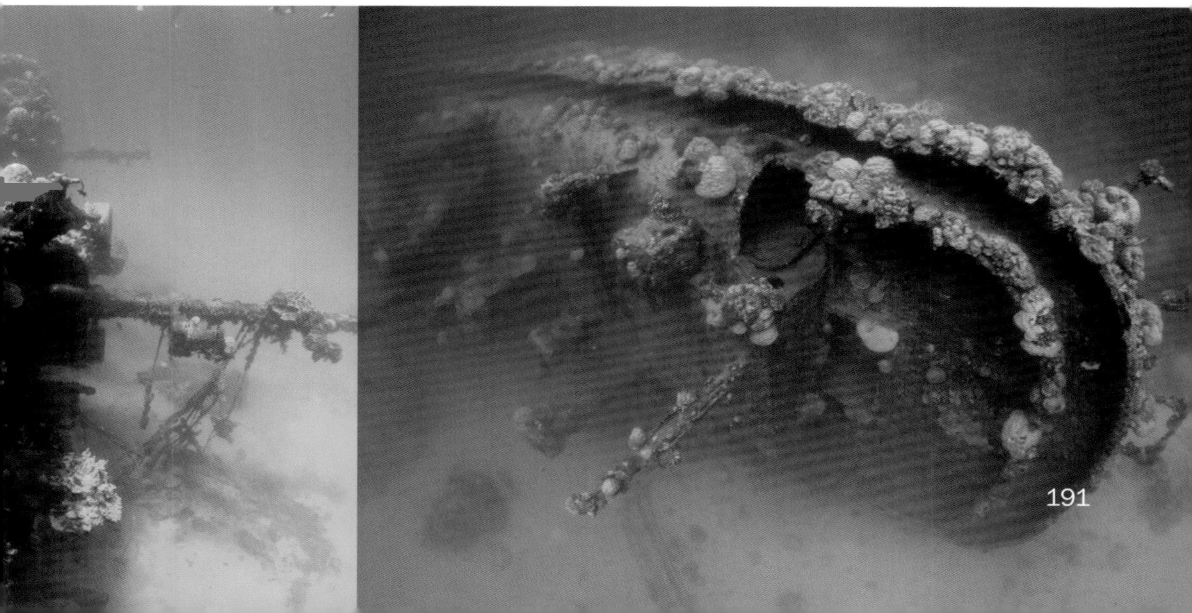

## Rachel 經驗談

這個浮潛點通常不會有水流，而且被洛克群島包覆著，是一個非常安全，很適合初級浮潛者練習的好地方。若是浮潛技巧還不是太好的朋友，可以先從這個浮潛點開始練習踢蛙鞋，使用面鏡呼吸管。

等到經驗比較豐富了，或者是拿到深潛執照時，不妨試試水肺潛水，去看看其他在水裡的遺跡殘骸。雖然說 Rachel 本身是非常膽小怕鬼的，但是潛沉船、飛機對我來說是沒有什麼大問題的！（只要不做虧心事，就不用害怕，對吧對吧？）

當在潛沉船時，請記得放輕所有動作，不然會吵醒沉睡中的他們……不是啦！是怕揚起沉船裡的灰塵或沙子啦！輕輕穿越船艙，其實會發現許多好玩的東西在裡頭，例如以前士兵戴過的鋼盔、喝完剩下來的玻璃酒瓶、或是一隻很大的烏賊躲在角落睡覺。期待著哪天會不會真的讓我也發現海底的寶藏啊？

# 藍色珊瑚礁

困難度　★★　　　能見度　★★★
（有時會有水流）
深　度　1 ~ 15m（實際依照當天潮汐為準）

## 能見物種

藍色鹿角珊瑚群、許多熱帶小魚群，如：藍綠光鰓雀鯛、粗皮鯛、豆娘魚、神仙蝶魚、蝴蝶魚、接近水面處常會有水針魚，在海底常會出現藍色海星、饅頭海星、魔鬼海星（有毒）、海參等。有時在這裡會有鯊魚從身旁經過。

## 導遊講解

這是一個移動式的浮潛點，船隻並不會固定停在一個浮球旁邊，在這的浮潛方式會有點像是水肺潛水的模式。當船隻放你在 A 點下船時，必須游到 B 點，船隻才會接你上船。在這裡的海域，除了會有很多熱帶小魚在你身旁玩耍以外，重頭戲是在海底下藏了許多寶藍色的鹿角珊瑚。在浮潛時，左右轉頭尋找一下，一叢一叢的藍色珊瑚會不經意地出現在你的身邊。

「為什麼會有藍色的珊瑚？」

這個問題常是很多客人的疑問，珊瑚為什麼會有顏色？其實珊瑚除了可以是藍色的以外，還可以是粉紅色、黃色、綠色、紫色等等，許多不同的顏色。當然也包括現在價格被炒作得很高，被做為飾品類的紅珊瑚。

珊瑚其實本身是沒有顏色的，牠只是一個骨架，使珊

瑚有顏色的是附著在其身上的共生藻。簡單來說，不同顏色的共生藻決定了不同顏色的珊瑚。

珊瑚和共生藻是一種互利共生的關係。珊瑚提供附著的環境給共生藻，當環境好的時候，共生藻行光合作用，轉換能量成有營養的物質給珊瑚利用。但是當環境不好時，例如：水溫太高太低、光線不足，或水質惡化時，共生藻無法提供營養給珊瑚，反而成為珊瑚的負擔，這時珊瑚就會把共生藻排出體外，這時牠的組織失去顏色，也就是我們稱的「珊瑚白化」。這時候的珊瑚已經處於衰弱狀態，若環境沒有改善，珊瑚通常在數天內就會死亡。但是如果環境變好，珊瑚體內殘留的共生藻能快速增值，或在大海中重新得到共生藻，就能使珊瑚恢復顏色，恢復生機。

所以通常都是要在乾淨並且溫度適中的海域中，才能看到色彩豐富的珊瑚。

## Rachel 經驗談

　　拍這些藍色珊瑚時，可以試著把水下相機拿靠近珊瑚一點拍，越靠近越好。

　　因為通常在水裡拍照時，相片都是一片藍藍綠綠的，如果有在水裡拍照經驗的朋友應該了解我在說什麼。當鹿角珊瑚又是藍色的時候，就會很容易跟大海的藍混淆在一起，拍起來就沒有這麼的鮮明好看。這時候最好要有足夠的陽光，或是能夠打燈拍攝，才能拍出最好的效果。如果都沒有的話，只能把相機拿靠近一點拍，才能夠顯現出藍珊瑚的美麗。

　　若是無法太靠近的話，可以試著請你的導遊下潛靠近藍色珊瑚幫你拍照喔！

管口魚
Trumpetfish
鯖魚
Wahoo
梭魚
Barracuda
角蝶
Moorish idol
狗頭河豚
Blackspotted puffer
燕魚
Batfish
藍倒吊
Blue tang
金字塔蝴蝶魚
Pyramid butterflyfish
橫紋蓋刺魚
Emperor angelfish
玳瑁
Hawksbill turtle
豆娘魚
Sergeant major
皇帝神仙魚
Regal angelfish
人字蝴蝶魚
Threadfin butterflyfish
鬼頭刀
Mahi-mahi
小丑魚
Anemonefish
烏賊
Cuttlefish
藍綠光鰓雀鯛
Bluegreen chromis
章魚
Octopus
鸚哥魚
Parrotfish
鰻魚
Eel

# 魚類圖鑑

鬼蝠魟
Manta ray

黑鰭鮫鯊
Blacktip reef shark

小丑砲彈魚
Clown triggerfish

東方石鱸
Oriental sweetlips

鰺魚
Trevally

綠蠵龜
Green sea turtle

泰坦砲彈魚
Titan triggerfish

鮪魚
Tuna

石斑魚
Grouper

畢卡索砲彈魚
Picasso triggerfish

拿破崙魚
Wrasse

隆頭鸚哥魚
Humphead parrotfish

鼻魚
Unicornfish

豹紋鯊
Leopard shark

# 在帛琉島上出走

## PART 3

## 在小島出走之前注意

- 一定要帶防蚊液。（小島上都有許多蚊子，甚至是可怕的小黑蚊。）
- 輕薄的長袖長褲。（下大雨、晚上氣温降低、防晒、防蚊，帶著你會感謝我的。）
- 繳納税金。（大部分會有州政府税，要事先詢問清楚。）
- 看好潮汐。（有時候潮汐對的時候，會減少很多繞道的時間。）
- 暈船藥。（有些小島在環礁以外，會經過浪區。相信我，帶著有備無患。）

## 小島分布圖

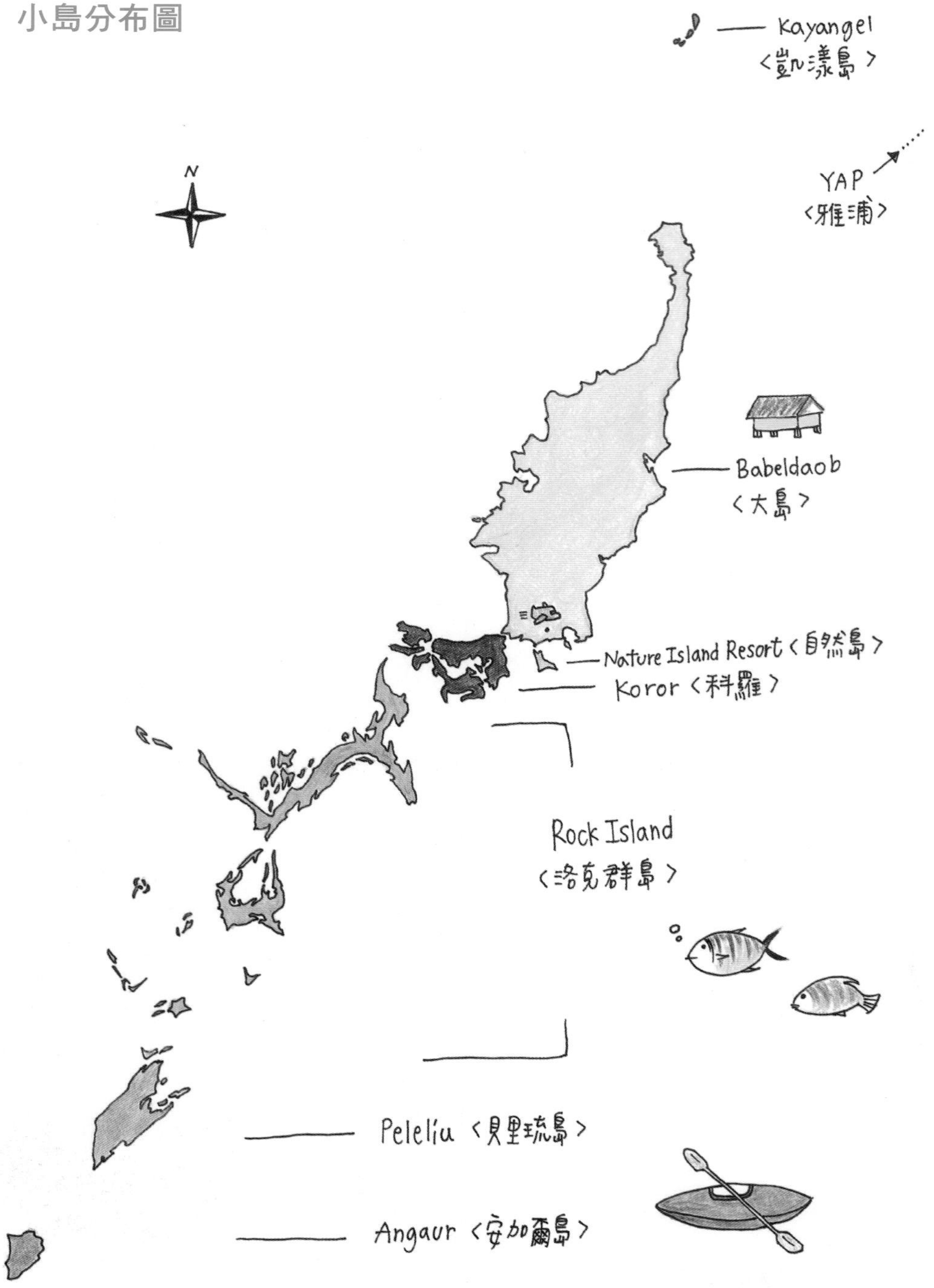

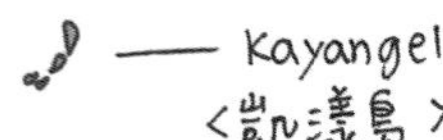


YAP
〈雅浦〉

Babeldaob
〈大島〉

Nature Island Resort〈自然島〉

Koror〈科羅〉

Rock Island
〈洛克群島〉

Peleliu〈貝里琉島〉

Angaur〈安加爾島〉

# BABELDAOB 01

## 大公路 × 島旅行

巴貝爾島（Babeldaob）被我們稱為「北島」或「大島」，它在科羅北邊的位置，總土地面積約為 370 平方公里，占了帛琉最大的土地面積。整座大島包含了 10 個州（帛琉總共有 16 個州），由一條環島公路所貫穿，一般車速下繞島一圈約耗時 2 小時左右。

大島的環島公路常被我當成冒險的通道，在無人的公路上我可以暢快地開車唱歌，有時候彎進石子小路去冒險，常常會發現到意想不到的驚喜，一個坐落在海中間的涼亭，或是海中的游泳池，棲息著很多鳥類的淡水湖，無敵大片的海灘等。在我們最原始的大島土地上，其實還有好多好多好玩的私房景點。

↑ 在 Ngchesar 海邊無意間發現的一座涼亭。

↗ 會漲退潮的海中游泳池。

→ Melekeok 一望無際的海灘。

← 你可以選擇租一台跑車在大島兜兜風！但千萬記得，要進部落時，尊重當地文化，千萬不要打擾到當地居民的生活。

就我而言，每次旅行到了一個地方時，如果遇到當地的 Local，當他說有一個祕密景點可以看到無敵美的夕陽，會讓我願意把後面晚餐的行程全都取消，就只是想要去看看當地人所謂的祕密基地，是怎麼樣的一個地方。

「試著用當地人生活的方式生活，試著用當地人的眼睛看他們的世界。」這才叫旅行嘛！我一直這麼認為。

在大島，我慢慢地發掘了當地原始生活的軌跡。

↑ 從大島最北端 **Ngarchelong** 的碼頭再向北望去。

← **Ngiwal** 開闊的碼頭，是我最喜歡去看星星的地方。

第一次自己開車前往大島時，在部落裡，看到小學生們赤腳在操場裡奔跑，夕陽斜斜地打在他們的臉龐上，影子在跑道上拉得好長好長，他們的笑聲沒有受過任何汙染，是那麼的乾淨；看著母雞帶著小雞列成一排慢慢地過馬路，我停下車讓他們先過；在一大片沒有人的沙灘上，小黑狗想解除背後的搔癢，懶洋洋地在沙上扭動牠的身體；老人們在涼亭裡或躺或坐，喝著酒，口中講著讓我覺得很神祕的語言。在大島，藏著好多這樣原始、單純的生活，等著旅人去發掘，但千萬別打擾了他們。

從那次之後，我開始慢慢愛上大島的一切。

簡單介紹幾個我自己很喜歡的地方給你們。

剩下的就等你們自己去發掘嘍！

NGARDOK NATURE RESERVE
Conserving Critical Habitats and Critical Species
From Ridge to Reef...Ngar er a ked el mo er a kereker

# Ngardok 淡水湖

當地名字 Ngardok 譯為活泉，這是密克羅尼西亞群島中，最大的一座天然湖泊，坐落在 Melekeok 州，已經被列為自然環境保護區。在這座淡水湖區域裡，有許多不同種類的熱帶樹林，保護著許多稀有的鳥類，湖裡也有鱷魚棲息。園區內設有原始的森林步道，雖然較少人煙，但有許多方向標示牌，跟著標示走基本上是不會迷路的。

# 小白宮

小白宮為邦交國台灣所捐助，為效仿美國白宮所建立起的建築物，在門口還可以看到友誼長存等字樣。在小白宮興建起之後，帛琉政府就把首都移至 **Melekeok**，曾經一度促進大島的發展，可惜後來又落寞了。除了幾次國慶曾在這舉行典禮外，小白宮現已成為觀光景點。試著從小白宮的道路慢慢開往海邊，會有意想不到的驚奇！

PANTHERS
83

# Ngardmau 安德茂大瀑布

安德茂大瀑布為大島較著名的景點。首先須穿越一段約 40 分鐘的山路、小溪流，才會到達瀑布底端。別忘了帶上泳衣，在冰涼的瀑布下可以做個天然的 SPA，洗滌疲憊的身心靈。喜歡刺激的朋友，可以試試山谷之間的索道。回程體力不夠的朋友，園區也有自費的接駁小火車。

# 紅樹林生態之旅

若是想要細細了解紅樹林生態，這是一個不能錯過的生態之旅。由日本人所經營，擁有幾名專業的紅樹林生態講解員，需要事先預約。走在紅樹林步道時可以感受到有如亞馬遜河般的原始氣息，走到盡頭有艘小船帶著客人徜徉在紅樹林的河道上。運氣好的話，還可以看的到鱷魚的餵食秀！

Jungle River Boat Cruise
Republic of Palau
For Reservation
Pls. Call: 488-1188

# M&A Riverside Bungalows

這是一個位於海邊的小木屋，屬於私人領土，若要進入需要支付門票。這裡非常適合想要遠離塵囂、沉澱心靈的人，帶上一本好書，就可以在沙灘躺上一整天。如果時間充裕的話，也可以在小木屋住上一晚。

# 人面魔石巨石像

在大島的北邊，藏著一些謎樣的巨石，這些石頭上都刻有人臉的圖像。在帛琉的傳說裡，這些石頭是由八位神明施展法術所刻成。但是到現在都眾說紛紜，沒有人知道它們是從那裡來的，也沒有人知道是誰刻的，這樣神祕的色彩吸引了許多人好奇前往觀看。

在大島，生活步調很慢，沒什麼商店或是餐廳，要吃個飯或是買個東西都很麻煩，甚至連加油的地方都沒有。想要自駕開車去大島的朋友，最好先檢查車況、加滿油再上路。記得如果有開進部落的時候，請「慢、慢、開」，部落裡常有很多小朋友，或是當地居民走在道路上。尊重當地的文化，要拍照或是進入的，請先禮貌地詢問。

在大島各個不同的州裡，都有不同額度的觀光稅金。有些觀光景點則是需要門票的。在出發之前，可以事先打電話了解，或者詢問當地的導遊。

Arai State (+680) 587-3511
Aimeliik State (+680) 544-2967
Melekeok State (+680) 488-2728
Ngaraard State (+680) 488-1320
Ngarchelong State (+680) 488-2871
Ngardmau State (+680) 488-1401
Ngaremlengui State (+680) 733-2967
Ngatpang State (+680) 488-8757
Ngchesar State (+680) 488-2636
Ngiwal State (+680) 488-3253

BUD LIGHT
SURF

KAYANGEL

# 02

# 凱漾島×天使的眼淚

凱漾島在帛琉最北邊的地圖上，是由四個小島嶼所組合成的環礁地形，順著小島延伸出大片純白潔淨的沙灘。四個小島加起來的總面積大約為 1.8 平方公里，只有最大的一個島嶼住有居民，其他三個小島屬於私人領土，需要經過允許才能登島。如果有人問天堂是什麼樣子，我想凱漾島就是我心目中最接近天堂的地方了吧！

常常遊走在這些小島上的經驗告訴我，如果有計劃在帛琉這些距離遙遠的小島過上一夜的話，找一個那裡的當地人準沒錯！因為至少他能幫你解決住宿的問題。據我的經驗，通常透過州政府尋找住宿的話，效率是非常慢的（因為我就試過）。這些小島上通常都

沒有商店或餐廳，更不用說有大飯店可以讓你訂房，能找到一戶當地人家讓你遮風避雨就可以偷笑了。

船長 Hance，一個道地的凱漾人。他的船就停在 Happy Landing 魚市場旁邊的碼頭。（有些船長為了省油費喜歡從北島最北邊 Ngarchelong 的碼頭出發，但 Hance 説無所謂。）我找到他的時候，他就跟一般的帛琉人一樣，坐在涼亭的椅凳上，兩眼直直地看著海面，若有所思的樣子。跟他打了聲招呼，説明了我們的計畫，他答應讓我們包船去凱漾島，這樣他也可以順便回家裡一趟。

↑ 雖然技術沒人家厲害，姿勢也要假裝很厲害。

↖ 我們的船長 Hance 是道地的凱漾人。

← 在凱漾釣魚，絕對不會讓你失望。

→ 在凱漾的碼頭大合照。

釣具、釣餌、鍋碗瓢盆、卡式爐、防蚊液，任何可能會在小島上用到的東西，我們全都搬上了船，深怕遺忘了什麼就無法回頭了，畢竟是一個地處偏僻的小島。包船的好處就在於這艘船可以任我們使用，比較不像州船會有許多限制。我們也搬了許多氣瓶上船，想要在任何能跳下水時就可以跳。

從科羅出發往北，沿途會先經過巴貝爾島（Babeldaob），順著環礁繼續往前上，在浪好的情況下，船程約 2 ～ 3 個小時才可以看的到傳說中的凱漾島。

凱漾島的環礁非常美麗，一整片藍藍綠綠的淺礁，像是進入天堂的入口，越接近島嶼的時候，海水顏色的變化越明顯，最後映入眼簾的是一片又一片白色的沙灘，美得很不真實。

最後我們的船隻停靠在一個開闊的碼頭上。一部小貨卡載著我們到住處，站在貨卡上，大大的椰子葉從我們頭上嗖嗖地劃過，像是在揮手致意。這是一個全用木板搭建起來的屋子，後面有一個很大的蓄水池接著從屋頂流下的雨水。環顧四週，有個簡單的涼亭，涼亭旁有一間小廚房，擺著一些生鏽的鍋子。屋子內沒有客廳、沒有床鋪、沒有任何隔間，坐在屋子裡的哪個角落都可以看到彼此。

↑ 自以為開始演起 007 了！

↗ 我一直都覺得凱漾應該還有很多祕密潛點才對。

「肚子好餓喔！」已經下午三點，當我們都把行李搬到門口時，才想到中午的便當沒吃。在我們一邊吃便當的同時，沒想到圍繞在身邊的蚊子也正大快朵頤地享用著我們的鮮血。沒辦法，只好站起來一邊走動一邊吃便當。

這時候有一個胖女人，身旁帶著一個瘦小的男人，突然出現在我們的住處門口。我看著他們，胖女人沒有笑容，頭上圍繞著好多蚊子，但她似乎對這個現象無動於衷，對比於我們不斷跺腳、揮動著手趕蚊子，蚊子像是她養的寵物一般和諧相處。由此可以看出她一定是凱漾島上的 Local，再加上她身上穿的制服，可以判定她是水警。

但是，水警來找我們做什麼呢？

「請問，你們是來玩的遊客嗎？你們有買稅金嗎？」她開口了。

「當然有阿！我已經繳了所有人的潛水稅金了！」我脫口而出。

心想，在出發之前我還特別跑了一趟凱漾州政府，申請了凱漾島潛水的稅金，那是所有稅金裡面最貴的一項（$20 美金 / 人），應該沒有問題了吧。

「那請問你們有申請釣魚稅、觀光稅……之類的嗎？」她又問了。

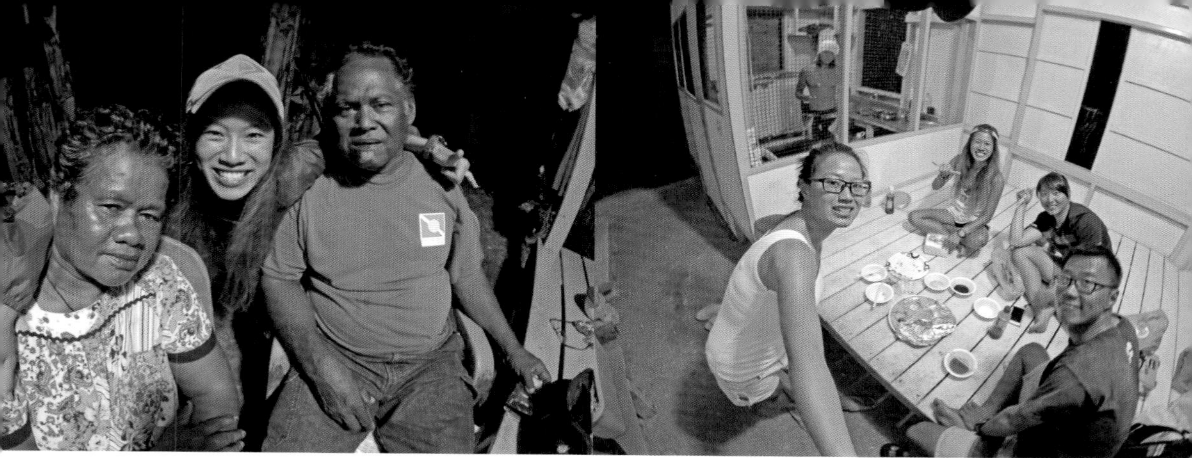

↑ 這是我們的廚房兼餐桌。

↖ 住在凱漾的 Hance 夫婦。

「天哪！不會每樣稅金都要繳一次吧？」我心裡想著但沒說出口。

「對不起啦！因為我們第一次來，也不知道要繳這麼多稅金……。」我開始裝傻。

「沒關係，你們之後到州政府去補稅就好了。」她的臉上開始出現和善的笑容。

機會來了！

「對了！我們這裡有剛剛釣到的魚，很多喔！你要不要拿一些，反正我們也吃不完。」說不定用魚可以收買她，就不用繳稅金了，我心裡打著如意算盤。

「真的嗎？」看得出來她是想要答應的。

「是啊！我們有很多魚！不要客氣！」我一邊打開冰桶一邊翻著剛剛釣到的魚。「還是你要石斑魚！你們應該很愛石斑魚！」

這時候不知怎麼的，聽到石斑魚，她的臉色突然垮了。

難道她不喜歡石斑魚嗎？

「你們知道石斑魚在凱漾是禁捕的魚類嗎？」她緩緩地說出。

「啊？不知道啊？！」我又再度露出了一問三不知的表情……。

「船長也沒告訴我們啊……？！」

沒想到我居然弄巧成拙了……最後她魚也沒拿就離開了，還不忘再次提醒我記得去補稅金……。

凱漾島確實一直都是釣魚的天堂。不管是專業拖釣、簡單手線沉底釣，都不可能讓你失望。（但是關於禁捕的魚類，請向州政府再次確認，每個州的規定都不同）我們也確確實實地應證了這一點，不論是去的路上或是回程，我們都是用釣魚來排解這些船程時間。最後甚至整趟旅途，釣魚的樂趣還勝過了潛水。凱漾島的潛點並不多，我們挑了幾個點下水，有看到了幾隻大海龜，但是發現能見度沒有幾年前的清澈。曾聽說 2013 年的海燕颱風摧毀了凱漾島上的大部分建築物，包括海裡面的生態也受到嚴重影響。

從我們的屋子往後走是一大片沙灘，往前一直走就是碼頭。我們席地而坐，後來索性直接躺在地上了，凱漾

島上除了碼頭那座燈塔以外，並沒有什麼光害。那時才不到晚上 6 點，已經可以看到滿天的星斗。腦子裡想的全是船長剛剛說的話，他說凱漾島上只住了大約 70 人。我一直在思考，如果我住在一個只有 70 人的島嶼上，會是怎樣的狀況呢？一輩子也就認識這 70 個人嗎？這樣就沒有國小的同學、高中的同學之分，大家全都是同學啊？所以就連要談戀愛也沒有太多選擇吧？因為扣除爸爸、叔叔、弟弟，還有鄰居阿伯等等之後，大概也剩下沒幾個男生了？當我正想到當凱漾州的州長又是怎麼一回事時，肚子又餓了！

我們簡單弄點東西吃，住在我們對面的 Hance 切了盤生魚片過來，手上還拎著一串芭蕉。他說：「有許多人喜歡凱漾島上簡單的生活，就會住下來生活一陣子。」他一邊翻著相本裡客人曾經幫他們拍下的照片，一邊和老婆回憶著當時的時光。我打從心裡一直很羨慕這種人，到處旅行，到了一個喜歡的地方時，就可以在當地住上一陣子。許多在我們心裡的顧忌，「錢從哪來？那工作怎麼辦？要住多久？接下來怎麼辦？……」這些似乎都不會是他們的煩惱。

什麼時候我也可以有這樣子的勇氣呢？

晚上時候的蚊子似乎比較沒這麼猖獗了。輪流在外面的廁所洗完澡，我們進到屋裡準備休息，每個人都找了一個自己覺得舒服的角落躺下。我翻來翻去卻怎麼都睡不著，輕輕地打開門出去之後，發現原來在家門口就有滿天的星斗。在這個沒有月亮的晚上，星星灑滿了整個夜空，天空好乾淨、一點一點的星星好亮好亮。拿了一瓶紅酒，一屁股坐在台階上，仰頭看著這個不可思議的場景，腳邊有青蛙、螃蟹陪伴著我。

晚上的凱漾島，好美好美……。

後來完全忘記補繳稅金的我們就這樣回到科羅了，某一天早上，還在睡夢中時，被家中電話驚醒，說他是凱漾州來補收稅金的人。並說半個小時之後會到我的家門口跟我收稅（？！）

（我從來不記得我有留過電話給他們啊？！）

（我也從來沒告訴他們我家住在那裡啊？！）

人都已經到家門口了，總不能再賴帳了吧！我睡眼惺忪地補繳了稅金，他還很貼心地拿了一張凱漾州稅金的一覽表給我……。

第一次感受到帛琉政府也是可以如此高效率的啊……。

Kayangel State (+680) 488-2766 / (+680) 876-2766

PELELIU

# 03

# 貝里琉島×娘子軍團出發吧！

1944 年的貝里琉島戰役，被視為是第二次世界大戰當中，美國和日本在太平洋戰場上最血腥慘烈的一場戰役。在這場貝裡琉島戰役中，該島上的 1 萬日軍守軍幾乎全員戰死，美軍最後雖然拿下了貝里琉島，總共傷亡也高達 8,000 多人。

島上一直流傳著許多關於戰爭死亡的故事……。

貝里琉在科羅南方約 48 公里處，全島面積約 19 平方公里。

這一直是一個我可望卻不「敢」及的地方。在島上住了這麼久的時間，明明就有這麼多船隻往貝里琉去，但每次只要聽到貝里琉的故事時，我卻總是望之卻步。（我應該沒有說過看起來膽子很大的我，其實非常膽小吧？其實我小時候都會因為不小心看到鬼片，自己嚇自己到晚上睡不著。）這大概就是為什麼我總是不喜歡去貝里琉的原因吧！

貝里琉島出名的原因除了是以前二戰的戰場，保存了許多歷史遺跡以外。另外，一些進階的潛水點都在這，貝里琉具有很強的水流及超高能見度的海水，許多大型的魚群常會在此出沒。除非是特殊行程，一般的潛水店比較少有貝里琉潛水的安排。

這次被邀請一起去貝里琉潛水，對本來就非常愛好潛水的我來說，是一件非常令人雀躍的事情。如果只是貝里琉陸上二戰景點解說的話，我是沒什麼興趣的。但如果是去貝里琉潛水的話，當然好啊！（至少在水裡，我會感覺比在陸地上自在許多。）而且整團受邀請的都是女孩子，這是一個非常難得的「女子軍團勇闖貝里琉」的概念！一定非常酷！本來就強的好勝心頓時又被燃起，一些平常人都可能會害怕的潛點，由我們幾個小女生就可以征服！

（但這次的行程其實也是經過幾番衡量和篩選的，畢竟潛水是一個要照顧自己同時也要兼顧到他人的活動，大家都瞭解彼此的水性如何，玩起來會比較盡興一點。加上船上大部分都是有潛水教練執照的經驗老手，所以也比較安心。）

我們總共是 8 個人組成的小團隊，加上一個貝里琉的當地導潛 Chris，總共 9 人，我們決定包船出發！受邀請的有來自不同潛水店、不同國籍的的女孩，包括日本人、韓國人、中國人、台灣人、美國人，職業也相當不同，包括有刺青師、理髮師、導遊（就是我啦）、還有潛水教練（我老妹 Eris，也是這次的主辦人）。

在出發之前，跟許多人談論起我們的計畫，常會收到一些再也不會看到我們之類的句子，像是在拍拍我的肩膀之後，語重心長地說：「保重！自己小心點。」或是用了許多不可思議的表情看著我們說：「那裡的鯊魚都很大而且會繞著你轉耶！」

「那裡的水流很強喔！你們要自己找對地方跳！」

「只有女生去好嗎？你們行嗎？」

當你聽到連一個當地人都說：「我其實不太敢去那裡潛水！那裡的海中生物感覺都比較具有攻擊性（aggressive）。」這時候心裡還真會有點怕怕的。（對！我非常確定他是用 aggressive 這個字眼。）

↑ 一上船馬上就睡得不成人形的我。

↑ 早上四點多我們就已經出船。

但是這幾個不知天高地厚的小女孩們，還是決定不顧眾人的看法，準備好各自的潛水裝備，到潛水店租借了氣瓶，在天還沒亮的凌晨 4 點，準時在碼頭集合。

「好睏喔！你昨天有睡嗎？」Kauro 問，她是一個日本籍潛水教練。

「有阿！大概只睡了三個小時吧！」我回答，眼睛根本沒睜開。

「來吧！我們先把裝備搬上船吧！」老妹指揮著，她感覺神采奕奕，可能非常期待接下來的潛水。為了要看到特殊的魚群交配，我們特別選在滿月的前四天，希望一早 5 點 30 分就能到達貝里琉潛第一支。

船在凌晨 4 點 30 分準時出發，我睡了一整路，到達貝里琉時已經 5 點 30 分了，這時候的天空也微微亮起。在導潛確定位置之後，我們迅速著裝跳下水，第一個潛點「Peleliu Corner」。在能見度非常高的海水裡面，如果不看電腦錶，目測完全不知道自己在多深的地方，這就是我跳下水之後的第一個感覺。居然在無預警的狀態下，電腦錶已經警告我超過 30 米的深度了！還是在半睡半醒的狀況下，我深吸了飽飽的一口氣，讓自己慢慢地提升到了 25 米。這時候突然看見一個很大的黑影從我腳下深處慢慢地游過去，貌似鯊魚？還是什麼其他的生物？怎麼會這麼大？這時的睡意完全消失，想也不想馬上往深處追了過去！一邊看著我的電腦錶深度，一邊擔心著這個生物就這樣消失在我面前，如果沒有看清楚他的真面目我一定飲恨的啊！當我一路往下追時，卻看到老妹早已經在比我還要深的地方等著，我看著她看著這個優雅的生物這樣游經我們腳下，果然經驗老手就是老手啊！這就像老手總在演場會時知道哪個位置最好，可以用迅雷不及掩耳的速度卡位在最佳觀賞區一樣。

那時候我停在 40 米的深度，我卻看到老妹還在比我更深的地方。(休閒潛水最大深度為 40 米，而我的老妹絕非常人，所以請勿模仿。)

↑ 女孩們聚精會神地看著這些二戰留下來的遺跡。

← 我們到底是來參觀遺跡，還是來搞笑的啊！

→ 大水池！早跳晚跳都是要跳的對吧！

上船之後我們興奮地討論著剛剛的黑影，最後的結論，導潛説那是一隻體型比一般還大的公牛鯊！「能看到這個就非常值得了！」女孩們都開心地笑著，這時候我發現 Chris 臉上的笑容露出了一絲微微的得意。一邊脱下防寒衣，一邊期待著等一下第二支潛水能帶給我們什麼驚喜。

雖然沒有看到我們原本預期中的大魚群交配，但在第二個潛點「Peleliu Cut」，我們看到上千條的魚，在約莫 30 米的地方順著同一個方向游去，好奇的我們停下來觀看。原本以為這樣猶如遷徙的活動很快就會結束，但似乎有源源不絕的魚從海域的一端出現，同時快速地游向海域的另一端，就像是被吸入一個看不見的時光隧道般，而且由許多不同種類的魚群所組成。就連 Chris 也無法清楚解釋這到底這是為什麼，果然大海裡還有太多值得我們探索學習的地方。

兩潛結束之後回到碼頭休息。女孩們都累壞了，在涼亭裡坐著，風吹過來涼涼的，剛好解了太陽晒在身上的暑氣。吃了點東西之後，本來想倒頭休息，好好享受一下貝里琉的空氣⋯⋯。

「我們去參觀一下貝里琉陸上的二戰遺跡吧！」突然有人提議了！

「好啊！反正閒著也是沒事！」另一個人高興地附和著。

「好啊！看來我心裡最不期待的事情要發生了！」倒在涼亭椅子上的我，用原本遮太陽的手，揉了揉眼睛，看著他們討論著。

不知道哪裡弄來了一輛貨卡（在帛琉很流行開 pick-up truck），女孩們一個個跳上後面的貨箱，出發前先來張合照，弄得我們自己好像是在拍 Roxy 的宣傳照一樣，就興高采烈地出發了！在環島的途中，我根本壓根忘記了自己本來很害怕的這件事情。導遊在前面開著貨卡，一邊介紹著，帶著我們參觀了許多二戰的遺跡，路旁就可以看到許多坦克、戰車、彈孔痕跡，還有許多因二戰過後傷痕累累的房子，卻因為旁邊長出的大樹而重燃生機。貝里琉雖住有居民，但陸上沒有看到什麼人走動，就連會車的機率都少之又少……。

「各位乘客，請繫好你們的安全帶，我們準備要起飛了！」導遊説。

「啊……？？」我們一臉茫然，完全沒有搞清楚狀況。

「請看你們的左右兩邊，我們已經在飛機跑道上了喔！」

「我們的車已經開上飛機跑道了？可以這樣嗎？」我們驚呼連連！

「對呀！我們的汽車跟飛機可以共用跑道的！」

導遊一臉賊笑著，我們的反應完全在他預料之內。

下一站──「Swimming Hole」，我們臨時起意要去跳一個天然的大池穴，大約 5 米高左右的天然洞穴。導遊説一般遊客通常都只會來參觀拍照之後就會走了，比較少人會真的跳下池裡再爬上來。應該只有當地人，或是小朋友常常會來這裡戲水玩耍。當我們聽到這是當地人才會做的事情時，突然心頭一震，可能也想要證明自己是住在當地的人，不想被歸類為遊客。

「誰怕誰！跳吧！」於是女孩們很爭氣地，一個個都跳下水了。

連旁邊觀看的當地人都不禁為我們鼓掌。

最後我們 8 個女孩全都平安地回到了科羅州（Koror），成功完成了這一趟的貝里琉出征，又各自回到自己的工作崗位奮戰。我們相約著下次要再聚在世界的某個角落，再一起跳戰不可能的任務。但女孩們，千萬別告訴別人我們從貝里琉帶了一株草回來煮雞湯的事啊！（笑）

Peleliu State (+680) 488-1817 / (+680) 345-2967

# 安加爾島×猴子比人多的島？

04

ANGAUR

安加爾島位於貝里琉島西南方約 10 公里處，土地面積約為 8 平方公里。因為缺少環礁的保護，島嶼的沿海會有海浪。早期德國人在這座小島上開採磷礦時，因為帶來的猴子遍布在整座島上，所以也稱為「猴島」。這是一座鮮少會有人上來的島嶼，因為地處偏遠，除非是當地居民，就連其他州的帛琉人也很少來到安加爾。

在出發的前一天，我們約了 Leon 吃頓晚飯，為了再次確認我們這四天三夜的計畫萬無一失。Leon 是土生土長安加爾島人，對於安加爾島的所有事情瞭如指掌，有人說他比安加爾的州政府還要強大，果然沒錯，這幾天的旅行也因為他完美了許多。

每次跟幾個熱愛潛水的人聚在一起去旅行時，總覺得大老遠去到一個小島，不潛水就好像對不起自己的感覺。早就已經聽說安加爾有潛水點，但是因為去潛水的人很少，島上一間潛水店都沒有，

所以更不用說要租氣瓶或是裝備了。大家在經過討論過後，心一橫，牙一咬，決定靠我們自己把氣瓶扛到安加爾島去！

出發當天的中午 12 點，我們把所有的行李、裝備和氣瓶都搬到碼頭，準備要上州船（前往安加爾島的州船，一週只開兩次）。但卻怎麼也找不到 Leon 告訴我們的「Dil Belau」號啊？後來一問之下才知道，原來州政府得知我們要扛氣瓶過去，並且租船潛水，所以貼心的為我們準備一艘快艇載我們幾個過去，後面幾天也用這艘快艇載我們去各個潛點（我猜這也是 Leon 事先幫我們說好的）。這真是莫大的榮幸阿！

雖然路途上經過了許多浪區，有點顛簸，也下了點小雨，但快艇只花了不到兩個小時的時間，我們就登島了！遠比州船快了一個多小時。

「Sunset Bar」—— Leon 的地盤，我們住的房子就在旁邊。它是一間木製的涼亭，附有長桌椅還有一個自助式的小廚房。與其說它是一間餐廳，不如說是我們消磨大部分時間的好地方，解決了我們後面幾天不管吃飯、午睡、聊天、看夕陽，任何沒有潛水的時候。

Leon 用他的貨卡帶我們去島上晃了一圈，才走不到一半的路程，所有人都已經愛上了這個原始到不行，卻美麗得讓人不可思議的地方。說是有點像台灣的東部海岸，又有點像是蘭嶼的感覺？Leon 說帛琉人形容安加爾島像是凱漾島和貝里琉島的綜合體。有著凱漾島著名的沙灘，也有著貝里琉島的戰爭元素在裡頭。我倒覺得一路上都像是拍電影《魔戒》的大場景，許多百年的大樹、奇形怪狀的岩石，還有令人緊張的斷崖，似乎隨時都會有俠客騎著馬出現擋在我們前面的樣子。（好啦！我又離題了！）

小島的治安非常好，東西放著都不會有人拿，晚上睡覺時如果你願意的話也不需要鎖門，在安加爾島是不需要鑰匙這種東西的。

在第一天的早晨 6 點 30 分我們就出船潛水，在下水之前我們遇上了一大群海豚，看來是個好運的象徵！

「第一潛預計在東北邊的 Airport Corner，這雖然在地圖上沒有標示，但印象沒錯這是一個很棒的潛點。」Leon 大概已經 50 歲了，他說自己已經很久沒有潛水，所以待在船上等我們。果然跳第一潛的能見度非常的高，有許多大型的隆頭鸚哥，還有許多肥大的龍蝦躲在礁岩裡面。但是珊瑚基本上都已經壞死了，因為幾年前寶發（Bopha）颱風的重擊，讓安加爾島和貝里琉島的東邊海域受到嚴重破壞。

第二潛我們選在西北邊的「Santa Maria」，這個潛點讓我完全失心瘋了！五顏六色成群的小魚環繞在我們的四周，各種珊瑚長得非常茂密而且健康，這是我在帛琉其他潛點從來沒有看過的。大群的蘇眉魚和四隻海龜同時出現在我們面前，他們像是從來沒有受過外界打擾般地寧靜且自在。怎麼可能還有這樣的潛水點沒被人發現呢？自私的我一度還想著，希望安加爾島永遠都不要設有潛水店。

才一剛回到碼頭，就出現了一個讓我們都非常驚訝的畫面！

「我看到猴子了！但是已經爆頭了！而且被懸掛在機車後面……。」

「怎麼會這樣？？」我心裡頓時閃過千萬個驚嘆號和問號。

「你們看！一、二、三，總共三隻猴子，他可以賺 $30 美金！」Leon 笑著。

原來因為島上的猴子繁殖過快過多，在這座不到 8 平方公里的小島上，猴子和人的數量比大約為 3,000：200，讓安加爾州政府不得不痛下殺令，只要殺一隻猴子可以換 $10 美金的酬勞。怪不得會看到有人抓著猴子要去領賞了。

下午我們爬上了三層樓的舊燈塔「Old Light House」，房子已經破爛不堪，但可以坐在屋頂上看著夕陽緩緩從海平面上落下。

小島的生活果然就是這麼地悠哉啊。

晚餐 Leon 幫我們準備了簡單的島嶼風味餐，陸蟹、炸魚、還有炸香蕉。

我們都為自己的期待落空而大笑不已，因為當 Leon 告訴我們說今天晚餐他準備時，我們滿心期待著可能會有龍蝦、椰子蟹等等之類的海鮮大餐。Leon 說這些珍貴的海鮮早就被賣去科羅（Koror）的餐廳了，居民哪捨得吃啊！

簡單的島嶼菜色配著啤酒和海風，我想我已經很滿足了。

隔天早上 Ashley 提議帶我們開車去尋找猴子，他是一個在小島上幫政府做太陽能板的澳洲人。猴子是安加爾島上的指標，按照他的說法，每天他上下班經過的道路上，都會看見猴子坐在路中央。但這兩天，除了掛在車子後面爆頭的猴子以外，我們沒有看過任何一隻活生生的猴子啊？猴子這麼多的猴島，怎麼沒看到半隻？我們也正納悶著。突然間一個緊急煞車，Ashley 大喊，我們發現前方馬路上有四隻猴子正排成一排準備過馬路，聽到我們的聲音之後馬上跳到樹叢裡，消失得無影無蹤。

「好險這些猴子是遇見我們，如果是遇見當地人的話，可能四條小命都沒了。」我心裡想著，腦中浮現的是那隻被掛在車子後面的毛茸茸物體。

島上的最後一晚，月光灑在道路上非常的安靜，沒有任何一盞路燈，沒有任何的噪音，只剩下樹葉的影子在的上擺動著。

當 Leon 問我們要不要去抓陸蟹時，我們毫不猶豫地答應。手電筒的燈一照到樹叢間時，陸蟹真的多到不可思議。有許多晃動的蟹鉗，正快速地把食物放進口中，有些把大大的蟹鉗高擺在空中，呈現戒備狀態。原來安加爾島不只猴子很多，陸蟹也滿地都是。那天晚上我們一邊在道路上玩著，把抓到的陸蟹分送給居民，小的陸蟹就放生了。Leon 說我們為這個無聊的小島重新注入了活力！但是對我來説，這些單純和簡單的生活，正是我這麼熱愛小島的原因！

隔天一早我們搭乘州船「Dil Belau」號回去，「Dil Belau」是帛琉文，翻譯後是「Miss Palau」的意思。我們被關在船艙裡，放著溫度非常低的空調，搖搖晃晃地花了三個多小時才到達科羅。若不是在船艙裡睡了一下，我可能一整路都會想吐。這時候才真正感覺到安加爾島好遠啊……。

忘了提到一點，我們帶去的所有氣瓶，最後都是用小飛機載回科羅的。

第一次知道原來只要把氣瓶裡的空氣全部放完，是可以帶上飛機的！於是在詢問過機長後，我們包了一架小飛機，載了一個潛伴加上將近 20 隻的氣瓶先回到科羅，省去了許多搬氣瓶的麻煩。

結束了這一趟安加爾島之旅後，還是會時常懷念起那裡的海域、小島上簡單到不行的生活。安加爾島有沙灘，有礁岩，可以潛水，也可以衝浪。在古老傳説中，安加爾島被認為是帛琉人的發源地。如果想要體驗真正原始的帛琉生活，安加爾島應該是很好的一個選擇。

“Is there anything that we can do on Anguar?”

（「我們在安加爾島上能做什麼事？」）

“The ONLY thing good about Anguar is ‘There is nothing you can do.’.”

（「關於安加爾島的『唯一』好事就是『你沒事可做』。」）

# 洛克群島×獨木舟荒島求生記

# 05

ROCK ISLAND

帛琉共由五百多個洛克群島所組合而成，而這些綠色小島有如散落在太平洋上的綠寶石一般，閃閃動人。在我待在帛琉這麼長的時間當中，如果真要算的話，帶客人出海的次數應該不下 500 次了，卻仍然被這麼美麗的景色所深深感動著。很多人會問我說，每天看這些美景，不會審美疲勞嗎？我的答案是不會，你一定要親眼見過它的美之後，才會了解我在說什麼。

帛琉群島因為受到外環礁所保護，在這些洛克群島當中的海域非常的平靜，鮮少會有浪區，這也形成了一個得天獨厚、非常適合浮潛和划獨木舟的條件。

27 歲的生日，我決定給自己一個非常特別的成年禮！

這次除了浮潛之外，我想要完成兩天一夜的獨木舟之旅，考驗著我的肌耐力和意志力。不同於一般遊客的獨木舟體驗，這次是「玩真的」。就像是以前的原住民一樣，單單靠著自己的雙臂划著獨木舟出海，尋找一個無人沙灘島紮營過夜，隔天再划著獨木舟回來，我單單靠著一股衝勁就計劃了這趟冒險之旅。

當天一大早我們就到 Sam's Tours 的碼頭集合，按照前一天跟導遊討論的，把所有的淡水、食物、帳篷、浮潛裝備都準備齊全。簡單分配到每一個人的獨木舟上之後，導遊把獨木舟一艘艘放下水，就要開始這趟讓人感到熱血沸騰的獨木舟之旅。導遊在前方帶路，我們幾個則在獨木舟上互相拍照錄影，就像要出遠門郊遊的孩子般興奮，完全不知道後頭還有著多麼辛苦的路程在等著我們。

剛開始一路划得非常平順，正當我們得意忘形時，獨木舟進入了船的航道，開始起浪了！當附近一直有船隻經過時，會製造出許多高高低低的浪花，在划行時自然會增加許多阻力。因為費了許多力氣對抗海浪，我們的臉色開始扭曲，心裡不斷地求救，卻看導遊輕鬆自在地划在前方遠處，並沒有要停下來等我們的意思，我們只好加快速度。當我們終於離開浪區，划到導遊身邊時也差不多耗盡了所有的體力。

才開始兩個小時，我就覺得我快要不行了⋯⋯。

過了浪區之後是我們的第一次休息，對於我們這些新手來說，剛剛的浪區已經足以把我們的信心全打垮了。導遊卻不斷地鼓勵著我們說：「過了浪區之後都是順流了，會簡單很多的！」「啊！順便教你們拿槳的正確方法好了，當你們雙手握槳的時候，槳上的英文字都要是正向的才對！你們剛剛全拿反了！」

「你　怎　麼　不　早　講　啊⋯⋯。」

接下來果然好划很多，拿槳的方式對了，再加上風向和流向對了，就是事半功倍。對於划獨木舟的人來說，這些小細節都是很重

要的考慮因素，我們再也不敢小看獨木舟這項活動。途中我們停了好幾個點，看了二戰日軍沈船，到了 Kingfisher Bay 來找尋翠鳥的鳥巢，在 Risong Bay 找海牛，跳進 Mandarin Fish Lake 裡找小巧可愛的麒麟魚（牠可能比你的指甲還小）。看吧！這就是划獨木舟的好處，可以慢慢欣賞洛克群島的風光，停在任何你想停的時候，隨時可以跳下水降溫或是小解一下。

下午 3 點太陽猛烈地照在我們頭上、手臂上、腿上。

可能是玩太久了，導遊催促著我們要划快一點，必須在下午 4 點 30 分之前到達海灘上紮營，否則天色就會暗下來。我們認真用力地划了一陣子，正感覺腿上晒得刺痛，這時候前面的烏雲慢慢靠近，猛的往我們身上下了場大雨，正好為發燙的肌膚降溫。淋著雨我們也管不了這麼多了繼續不停地往前划，深怕天黑了我們會被困在大海上。

「Tiabekl Beach」是我們要過夜的無人島，正如早上計劃的，我們順利在天黑前登島了。在我們把獨木舟拖上岸時，同時間也看到四個土人抓了一隻椰子蟹正準備坐小船離開。（椰子蟹在帛琉是一種非常稀少的動物，在台灣已經屬於保育類。）導遊跟他們打了聲招呼，我們就往上走去。這是一個很小的無人島，屬於當地人私有領域，我從來沒聽過，甚至不會唸它的名字，更不用說帶遊客來了。沙灘上因為下過雨濕濕黏黏的，踩起來沒有想像中的舒服。導遊轉身要準備幫我們搭帳棚，我突然想到出發前一晚他答應我們，會帶一些桶裝淡水，讓我們在睡前可以洗澡。但怎麼想就是沒印象，早上出發前他有把淡水放上我們的獨木舟嗎？沒有吧？沒水沖澡的話怎麼辦？導遊笑著說為了要讓我們體驗一下大自然的野放生活，他並沒有幫我們準備多餘的淡水，要我們像土人一樣在海裡洗一洗，上來簡單沖點淡水就好了。

真的就這樣洗澡嗎？

就在我們還苦惱著怎麼辦時，説時遲，那時快，突然來了一場傾盆大雨。

我靈機一動，馬上把身上衣服脱了剩下比基尼，就直奔到大雨下面，把手臂誇張地張開，接受著大雨的洗禮，任由著雨水打在我的臉上、身上。一邊淋雨一邊洗澡讓我感受到莫名的開心。其他人也照著這樣做了，我們一起在大雨下玩耍洗澡，也就這樣，我們成功説服了自己，這樣就算有洗澡了。

找了塊礁石躲在後面換上乾的衣服之後，導遊也幫我們把帳篷搭好了，再來導遊就打算進帳篷睡覺了。「才 7 點而已耶！怎麼可以就這樣結束這一天？快點出來跟我們一起吃晚餐聊天！」接受了我們的邀請之後，大家一起在手電筒的燈光下吃著泡麵，聊著古中文字的造詣，我們在地上畫畫，有好多好多的寄居蟹圍繞在我們身邊，像是在聽故事一般。玩到最後，我終於甘願進到帳篷裡睡覺了，夢裡隱隱約約聽到海浪打上沙灘的聲音，陸蟹窸窸窣窣地挖著洞穴，月光打下來，我好像看見一個大蟹鉗的影子映在我的帳篷上……。

隔天一大早 6 點，導遊拿著樹枝敲著寶特瓶叫我們起床收拾，簡單吃了點麵包，我們必須要趕在潮水轉換之前，經過一個峽角的地形，否則又會再遇到逆流的狀況。（喔！我沒提到這兩天我們的大小便都是在水裡面解決的，所以早上第一泡屎尿也都是讓它回歸大自然啦！哈！當你感覺到小魚在你身旁亂竄時，那是一種通體暢快、與大自然融合為一體的感覺！但是當然這不適用在都市啦……。）

由於第一天嚴重晒傷的教訓，第二天一大早就已經把防晒衣乖乖穿上，並且塗完防晒了。（從來沒想過已經這麼黑的我，還可以晒傷啊？）導遊依舊優雅地划在前頭，我們則在後頭緊追不捨。第二天划起來，肌肉好像比較習慣了一點，找到自己的方式之後就可以比較自在，手一邊划著腦中還可以想別的事情，臉上迎著風，慢慢地手會開始麻木，腦袋卻還因為太早起而反應不過來。

第二天去的地方叫「Nikko Bay」，這是我每團必來的地方，但卻不知這裡頭還藏著許多不為人知的祕密！原本都只是一個拍照景點的地方「海龜島」，這次由當地人帶領進入到海龜島裡面，發現裡面別有洞天！除了是一個鐘乳石洞穴以外，裡面還埋藏著帛琉人祖先的殘骸。經由導遊解説，早期帛琉人過世之後，族人會把往者的遺體葬在自己家族的土地上，這裡只是其中一個而已。（我們該不會正踩在誰身上吧……？！）

我們划著獨木舟從海龜島的脖子出來，到了「Cathedral Cave」，這是一個比較大型的鐘乳石洞穴，像教堂一樣壯觀，於是命名為「如大教堂般的洞穴」。

這也是另一個舊地重遊的景點，這次知道除了裡面藏有許多小蝙蝠和鳥類之外，還知道這是另外一個跳水的好地方，先攀著一棵樹上去之後，順著小路爬上洛克群島，再從約 5 米的地方跳進海裡！雖然我非常怕高，但是在糾結許久之後我還是跳了！我真的跳了！而且我還活著！

接下來一路往北我們必須要回碼頭了，估算了一下大約有五公里的距離，但對我們來説不是什麼難事。經過了快兩天的訓練，這時候開始慢慢知道怎麼划獨木舟的我們，正一邊玩一邊划回去。比起前兩天，這時的我們才真正開始可以享受到划獨木舟的快樂。怎麼每次都是這樣，才感覺一件事情要上手的時候就是準備要結束的時候了。

當天晚上在睡覺時，我一直不敢相信我自己完成了這件獨木舟的旅程，虛幻得好像是一場夢一樣，但是手很酸是真的，晒傷是真的，沒洗澡也是真的。這是給我自己 27 歲的禮物，很感謝我的夥伴們陪我一起完成了這趟任務，一路有你們的支持、幫助，沒你們我絕對沒辦法自己完成，這絕對是等我活到 80 歲還會記得的一場冒險旅程。

| | | |
|---|---|---|
| Sam's Tours | (+680) 488-7267 | www.samstours.com |
| Kayak Expedition Tour | (+680) 488-5240 | www.paddlingpalau.net |

NATURE ISLAND RESORT

# 自然×島

# 我遇見了一位魔法老人

06

這是一篇我猶豫了很久，很想分享給大家，卻又很不想分享給大家的故事。

因為這個地方有別於其他的小島，這完全是一個人工打造出來的世外桃源，在島上非常的安靜，住有幾名工人、一隻狗、一些雞，還有許多農作物，是個很適合沉澱心靈的好地方。畢竟這種地方人去多了，就會慢慢失去了許多它應該要有的氛圍。但在內心掙扎許久，也在跟島主討論過後，最後終究還是決定要與大家分享這個很棒的地方。（偷笑）

這篇故事的主角名叫——「Sapuro 桑」。

他是我在島上住了這麼久，所認識最酷的一個日本老人。他很像是活生生出現在我面前的隱居道士，有著滿頭白髮，明明住在這個沒有通訊、沒有電力，與世隔絕的小島，卻可以跟你從天南聊到地北。嘴上說著塵世間的如何如何，輕描淡寫地像是完全不關他的事，但他卻都瞭如指掌……。

↑ 每一片木板都是 Sapuro 桑親手搭建起來的。

← 島上崇尚著自然，我發現 Sapuro 桑頭髮不是白的而是綠的？

→ 你有看過足球果嗎？

位於愛來洲（Airai）外面的一個小島 Ngellil 上，有著八間小小的木屋，這些木屋全是 Sapuro 桑自己一手打造起來的。這是一個非常特別的地方，通常不會在一般的旅遊書或是網站上看到。Sapuro 桑說這裡是他的家，他一直不喜歡太多人，所以也不會特別打廣告或是招攬生意，如果太多客人來到這裡住，他就會迴避。來到這裡的客人，能與他見上一面，都是跟他有緣分的人們。就連我自己也是某一次在 KB 橋下看夕陽，無意間發現了他們在愛來洲的辦公室，才就此開啟了這個魔法通道⋯⋯。

這是一個說走就走的島上旅行——「Nature Island Resort」。

在愛來洲辦公室辦完 check in 的手續後，我們乘坐著一艘小船從 KB 橋下出發。開了大約 15 分鐘後，船隻慢慢駛入一個小港灣裡，開始一點一點地看見了這個神祕的小島。這是一個孤立在海中的島嶼，後面倚著山坡樹林，前面有塊小小的沙灘，完全與外界隔絕。（如果以武俠片來說，這應該是一個不受打擾，練功的好場所。）

船長跳下水從後面推著船前進，把我們推上岸邊，面前有一隻小黑狗坐在沙灘上搖著尾巴迎接著我們。

安頓好所有東西之後，一位面容慈祥的日本老人出來接待我們，說著今天晚上剛好是新月，問我們要不要跟他一起去夜划獨木舟（新月就是沒有月亮的晚上，和滿月剛好相反，一個月有一次滿月和一次新月）。因為天色很暗，可以看到很多漂亮的螢光藻類。剛好遇到今天晚上是漲潮，也不會受到潮汐太低的影響，有很多地方都可以去得到。講的我心裡都癢癢的，若真是一個這麼完美的機會，怎麼能錯過呢？於是我們爽快地答應，老人點點頭，看起來非常滿意。

在這個沒有月亮的晚上，面帶慈祥的老人帶著我們坐上獨木舟出海，他一邊笑著一邊說著這些神奇的東西會讓我們感到驚喜。起初我不以為意，待在帛琉這麼久了，有什麼東西我沒看過的？老人接著說了，除了會讓我們看到滿天星以外，在水裡也會看到滿滿的星星。我心中充滿了無限個問號，卻掩蓋不住臉上期待的表情，我開始感到好奇，想知道水裡的星星到底是什麼樣子？曾經有聽人說起關於這些螢光藻類的故事，但從來沒有親眼見過，好期待啊！

沒想到接下來的這一幕，讓我永生難忘。

果然，在我們往外划一段距離之後，他用細細長長的竿子用力往水裡一劃，所有的浮游生物都醒過來了，發亮的身軀跟著竿子忽明忽滅，竿子所經過的地方全亮了。他像是拿著魔法杖的老人一般，

01 這絕對是一個令人意想不到的桃花源！

02 在臨別之前，Sapuro 桑吹著他最喜歡的陶笛。

03 狗狗目送著我們來，也打算目送著我們離開。島上原本有三隻狗「生魚片」、「芥末」、「醬油」，現在只剩下「生魚片」了。

再用竿子往淺淺的水底用力一敲，整個海底亮了起來，像是綠色的魔法粉，從棍子底部圓形的方向漣漪狀散開，我驚呼著這是哪種魔法啊！忍不住把手放到水中，順著我手劃出的水波出現了成千上萬綠色的小點，精靈般的舞動，想用手撈起來，可惜馬上就滅了。我沉浸在這個美麗的魔法裡，遲遲不肯回神。再也不覺得迪士尼裡面說的魔法只是空想而已，原來在真實的世界上真的有這麼美的東西存在。

因為他的魔杖，我們一直稱呼他為「魔法老人」。

回到碼頭之後還是感到不可思議，彷彿只有在夢境之中才會有這麼美麗的景象。我們約了魔法老人一同酌飲兩杯，魔法老人堆起木頭點了營火，我們圍著營火坐了下來。喔！我忘了說，島上沒有任何的電力系統，只靠發電機發電而已，所以供電時間只有 17:30 ～ 23:30，除了這段時間以外，其他時候全島都是沒有電力的狀態，所以這時整個島上只剩下營火的亮度。老人不只一次稱讚著火焰的美，要我們一同感受它的豔麗舞姿，但怎麼我還是看不懂，反而被滿天的星星給震懾住。在一個沒有月亮，也沒有任何光害的狀況下，原來真的有這麼多星星啊！可以想像還沒有發明燈以前的生活就是這麼的美麗！讓我不禁又回想起剛剛在水中所看見的螢光藻類，像海星星一樣布滿整個海中，整個人還沉浸在那美麗的魔法裡不能自己，我真的好愛好愛這些螢光藻，恨不得帶一些回家的感覺……。

魔法老人命人去前面樹上摘了些檸檬配著他的清酒喝，並讓人去廚房把前幾天在海裡補的沙丁魚炸來吃，當成我們的下酒菜。他說他崇尚自然，在自然島上，一切都是自然為主，要吃雞蛋自己養雞，要吃水果自己種，要吃魚自己下海捕，要房子自己動手蓋。從這一秒過後，我們帶來的紅酒、餅乾全都被晾在一旁了，跟著他喝起檸檬清酒，吃著小魚乾。在三分醉過後，才知道原來魔法老人就是這裡的老闆啊！原來是我們有眼不識泰山！還一直以為他只是這裡的一個工作人員而已！他說叫他「Sapuro 桑」就好。在五分醉過後，Sapuro 桑拿出他的陶笛開始吹，他用不標準的英文說：「這都是我在自然島上自己練的，但是我喝醉啦！吹得不標準請不要見怪啊！」感覺真的有些功夫，像是古早隱居的劍士吹著蕭（是我自己也喝醉了嗎？哈哈，很難告訴你他那時到底吹了哪幾首歌。）等到酒七分下肚之後，我們嚷嚷著沒有檸檬了要去前面的樹上摘，沒想到醉到不行的我們在草地上倒得東倒西歪，躺在草地上的我們哈哈大笑，打消了採檸檬的念頭。

後來我們變成了好朋友，只要是他沒有在他的小無人島上時，就會約他到市區來吃吃飯聊聊天。那天晚上我知道了好多關於 Sapuro 桑的傳奇，原來他曾經是好幾間潛水店、飯店的老闆，原來他已經是潛水超過 20,000 支以上的資深潛水員，發了無數的潛水證照，原來已經潛過世界各地的他還是鍾愛於帛琉，而他在他最愛的帛琉已經待上超過 20 年的時間，現在過著隱世的生活。

Nature Island Resort (+680) 587-1059

07
同場加映
雅 浦
×
真的全上空？
Y A P

我們準備要飛雅浦（Yap）啦！

在帛琉媽媽口中所形容的雅浦：「那是一個很落後的地方，我不太喜歡。跟我在大島的家很像，商店都很小，沒賣什麼東西。」

而在當地居民口中的雅浦：「很多人去到我們的地方都會受不了，因為大部分的女孩子都不穿上衣。但這是我們的文化，我們都已經習慣這樣了！」

在我想像中的雅浦是一個離帛琉不遠，坐飛機大約 45 分鐘就可以到的小島，海裡充斥著許多 Manta ray 的樂園。（Manta ray 就是巨幅魟，為潛水客最喜愛看到的海底生物之一，體型巨大且溫馴。）

↑ Manta ray 就是我來雅浦的主要目的！

↗ Manta ray「巨幅魟」溫柔的身影。

→ 就連船身都是畫著 Manta ray 的圖示。

← 雅浦並不屬於帛琉領土，但卻有許多相近的文化，就連傳統服裝都非常相似。

究竟是怎麼樣的一個地方，居然連帛琉人都可以嫌它落後……。

雅浦隸屬於密克羅尼西亞群島（包含 Chuuk、Kosrae、Pohnpei、Yap）。雖然不屬於帛琉的領土，但距離帛琉只有短短不到一個小時的航程。從帛琉飛往關島的飛機，一個禮拜會有一班中途停靠在雅浦接駁，所以在島上至少要待上七天，才會有下一班飛機進來，由此可以想像交通之不便。

我們在雅浦一直都是處於一個暴晒的狀況……。

在所謂的市中心走了一圈，無意間到了一個居民聚會的場所，看似一個開放的公共區域，但我們猶豫了半天。在外頭環繞了一圈

↑ 新朋友 Brad 帶我們去參觀他在北邊沙灘的租屋。

↖ 雖然說入境要隨俗，但他們不穿上衣的模式我還是沒辦法接受啊！

← 連主食都跟帛琉一樣是「樹薯」、「芋頭」。

↙ 我們用椰子殼輪著喝椰子酒，味道很像燒酒雞。

↓ 雅浦也被稱為石頭錢的故鄉，但是最早的石頭錢還是從帛琉流傳出來的。

最後還是偷偷摸摸地溜進去，我想誰都看得出來我們是外來客。他們熱情地打招呼，一點都沒有排斥外人的樣子，我們卻驚訝地看著坐在地上一層一層的肉，一個個挨著彼此，有男有女，有孩子和奶奶，開心地交談著。

「他們真的都沒穿上衣耶……？！」

「但是，怎麼一點感覺都沒有啊？」同行的男生終於說話了，難掩失望的臉。

「跟想像的不一樣嗎？」我不禁在旁大笑。

雖然內心的小劇場已經上演了千百種驚訝的表情，但我們卻表現得稀鬆平常，又再度偷溜出來，好像怕被他們吃掉一樣。在驗證他們真的不穿上衣過後，我決心在第二天開始，把眼睛聚焦在他們的笑容上，而不是……你懂的！

雅浦人笑起來真的很甜美。

認識新朋友總是讓我旅途變精彩的一部分！

Brad 是在島上居住的美國人，我們在潛水船上認識。他提議帶著我們到北邊的沙灘走走，進入部落前，Brad 摘了幾支小草，讓我們一人拿一支在手上，他說這是在當地人表示友好的方式，居民不會找麻煩。不久之後，眼前出現一個掛滿聖誕燈的小木屋，這是他與朋友合租下來的度假小屋。只有一張床在裡頭，廚房在外面，有個簡陋的水槽，沙灘就是客廳，可以直接席地而坐。更不用說廁所了，找個你自己方便的地方吧！

在島上生活了 3 年，Brad 說雅浦總共只有 5,000 多人。他曲著手指頭一個一個回想，如果把他算在內，在這生活的外國人大概也就 12 個而已。這樣算起來，帛琉還真算是人多了！我看著眼前的營火晚會，男孩女孩們圍著火光跳著舞，突然開始羨慕起他們這麼單純而快樂的生活！

我知道自己的記性很差，所以習慣靠著一些文字和圖片記錄當時發生的事情。看著照片，回想著當時發生的事情，就像再複習一次當時的情緒。翻著筆記本上連續幾天的潛水行程，每一潛幾乎都看得到我們最想看的 Manta ray，因為我們去的時候剛好是在交配季節。（在雅浦的交配季節為 12 ～ 3 月）還記得有一潛我因為拍照而離隊伍很遠，在追上去時，沒想到迎面而來的是一隻巨大的 Manta 從我頭上緩慢地游過去，左右環顧沒有其他人在我身邊，這隻 Manta 只有我一個人獨享。上岸之後我一直說我是全世界最幸運的人，甚至還在筆記本上畫上了牠的影子，並私自將牠命名為 Rachel。（因為一直自認為是我發現的，哈哈！）

印象最深刻的一個晚上，船長 Egy 與導潛 Tony 帶著私釀的椰子酒，到飯店來找我們聊天。Egy 說椰酒當地話叫「Valuba」，瓶子裡裝的是從椰子萃取出的酒精，這是一種雅浦人幾乎都會的技術。技術好的還可以釀出不同濃度，或不同口味的椰酒。就連平常使用的醋、糖、奶……都可以從椰子提煉出來，真讓我大開了眼界。喝著喝著怎麼感覺就像是我們台灣燒酒雞的味道？接著全身都開始熱了起來，我們有一搭沒一搭地聊著天。

聊到雅浦的石頭錢，Egy 帶著一點點醉意告訴我們一段故事：「原先雅浦有一幫人在海上落難，漂洋過海到了帛琉。幾個僥倖生存下來的人，想回到雅浦但又怕空手回去族人不認他們，於是他們想了個辦法，把石頭刻成鯨魚的形狀帶回去當成禮物。為了好搬運，他們在鯨魚中間刻了個洞，並且用根木棍穿了過去。沒想到搬起來不平衡，魚尾總是拖地，被認為是不好的象徵，於是他們把尾部切除。換成頭部太重，於是把頭也切了，成了一個奇形怪狀的石頭，後來的人都稱之為石頭錢。而石頭錢的價值來自於這個石頭背後的故事而定。在雅浦，石頭錢常常被視為大家族娶親，或贈禮的貴重物品。」雖然我不知道我有沒有明確地把他的意思表達出來，也不知道他說的故事有幾分是真的，但是至少在雅浦，故事是這樣流傳的。

而對我來說，這就是旅行最棒的地方，收穫不是在於紀念品或明信片，而是能夠認識當地人，帶著你體驗著當地真正的文化。

Manta Ray Bay Resort　　(+691) 350-2300　　www.mantaray.com

# 關於帛琉國的事

# PART 4

# Q & A

## 帛琉在哪？

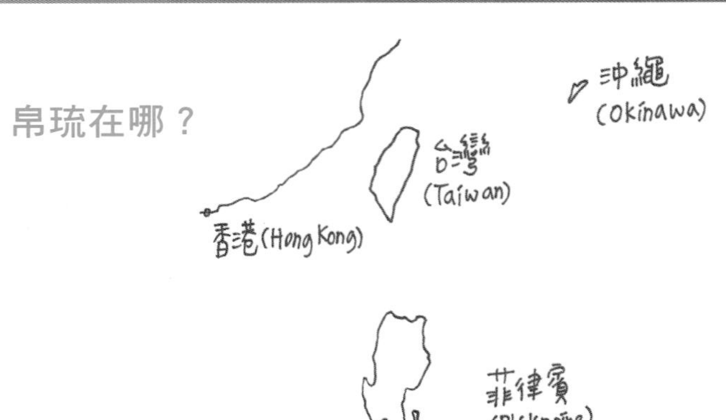

## 帛琉怎麼去？

- 關島（美國聯合航空）
- 菲律賓（美國聯合航空）
- 台灣（中華航空）
- 日本（達美航空）
- 南韓（大韓航空、韓亞航空）
- 也時常有些不定期的包機從香港或澳門起飛。

## 入境需求

- 入境時需要有回程的電子機票，否則會被扣留在海關。
- 入境每人可以攜帶一公升酒，及一包菸。
- 觀光簽證為期 30 天，續簽最多為 90 天。

## 稅金

依照帛琉政府可能隨時會有變動

- 出海稅金 $100（水母湖）、$50（無水母湖）
- 釣魚稅 $20
- 離境稅 $50

## 當地交通

- 國際駕照在帛琉可使用一個月，超過了之後必須要考當地駕照。
- 當地車輛左右駕都有，全都靠右行駛。
- 市區限速 25mile ，大島限速 30mile。
- 行人走斑馬線時，車子必須要禮讓行人。
- 遇到校車、警車、救護車執勤時，其他車必須靠邊禮讓。
- 全島沒有紅綠燈。
- 不按喇叭。
- 對向車閃大燈，代表讓你先走。

## 當地電信

- 各國原來使用的電信在帛琉不一定會通。
- 當地電信為 PNCC，可以申請當地電話卡，但訊號僅限於路地上，出海很多地方都沒有訊號。
- 通信電話卡分為兩種。Airtime 為當地手機充值卡，Debush 可打國際電話。
- 當地手機撥打、接聽皆收費。

## 網路

- 各飯店大廳幾乎都有提供免費 WiFi，但速度都不快，約為 256KB 或 512KB。
- 目前帛琉網路通信已經換了好幾間，在科羅州有熱點的，可買計時網路卡，如：PALAU WIFI、PALAU TELECOMS、PNCC WIFI 等。
- 行動網路目前當地最普遍為 PNCC 的 3G 方案，但覆蓋範圍一樣大多以科羅州為主。

## 信用卡

■ 島上有很多小店面是不收信用卡的，而大超市收信用卡大多以 VISA 為主。

■ 島上沒有正規的貨幣兌換所，所以建議先換好適量美金，如果真的不夠只能試著跟當地導遊兌換，或是用 ATM 領錢。

## 吃的

想來隻水果蝙蝠嗎？哈哈！

別擔心！由於觀光客越來越多，島上開始有許多日式餐廳、韓式、泰式、印度料理，也不乏許多賣漢堡、薯條的西式餐廳。菲式料理的 Poke、Sizziling、Lomi 等。或是當地人愛吃的 Taro、Tapioca、Kankum 都可以嘗試看看。但是如果來到這不試試當地的海鮮的話就太可惜了。美味的紅樹林蟹、龍蝦、椰子蟹、干貝、石斑魚等，再配上當地的紅公雞生啤酒，真的只有一個字可以形容！你一定要自己來試試才知道。

## 喝的

■ 建議喝瓶裝水，盡量不要喝自來水。雖然帛琉的雨水非常乾淨，但是管線老舊，自來水裡含有許多不明物質。

■ 想要避免喝到不乾淨的水源，通常我會選擇當地的生啤酒！你也同意吧？

## 生病的話

■ 在島上生病只有兩間醫院可以選擇，一間是國家大醫院，另一間是私人診所 YANO，除了醫療費用昂貴，通常在小島醫療設備不好，藥品也不齊全。

■ 建議帶一些自己習慣用的成藥，也盡量不要讓自己受傷生病。

## 時間

"Don't worry, be happy."

在小島嶼上旅行時，對你來說最不重要的就是時間。只要不錯過你回程的飛機就可以了。如果真的想要準確知道的話，帛琉在 GMT+9 的位置，比台灣快一個小時。

## 服裝穿著

- 越輕便越好。記得帶上所有準備拍寫真集的服裝。
- 比基尼只在出海時，或是沙灘上穿，一般街上、飯店還是要穿衣服的。
- 正式服裝為花襯衫、短褲、鞋子。（一般只要看飯店櫃檯人員穿著就知道了。）

## 犯罪率

以前帛琉的治安是非常好的，民風純樸簡單。但是隨著觀光客越來越多，治安有越來越差的跡象，開始出現偷竊、搶劫的事件，街上都開始會有警察巡邏。提醒客人出門時身上不要帶太多現金，出海不需要帶貴重物品，把重要的東西都鎖在保險箱裡。還有記得，錢不露白！

## 照相

- 在一些原始的部落裡面，照相時，還是需要先行詢問過當地人是否合適。
- 千萬記得帶上水底相機，因為帛琉最值得回憶的都在海裡啊！

## 報紙

在小島上，並不會有太多重大的事情發生，所以報紙多為一週刊登一次，或一週刊登兩次。*Pacific Daily News* 為關島發行，刊登整個密克羅尼西亞群島的新聞。*Island Times* 及 *Tia Belau* 則是當地報紙。

- *Pacific Daily News*
- *Island Times*
- *Tia Belau*

## 當地電台

- 政府電台為 87.5。
- 其他音樂頻道 88.5、88.9、89.5。

## 打招呼的手勢

## 資源回收

瓶子或鋁罐喝完千萬別捏扁，捏扁代表已經換過錢了。

沒捏扁的鋁罐一個可以換 5 ¢ 美元。

## 當地電視台

就別想了吧！當地的無聲風景頻道絕對會讓你抓狂的！

大部分飯店裡的電視，都會安裝衛星頻道，別擔心。

## 頭上插朵花

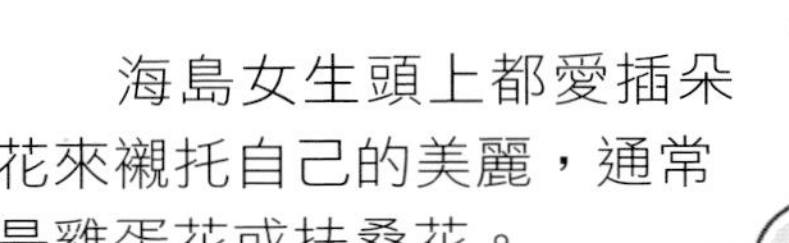

海島女生頭上都愛插朵花來襯托自己的美麗，通常是雞蛋花或扶桑花。

- 插在右耳→已婚
- 插在左耳→未婚（單身）

## 開船的技巧

- 順風順浪。
- 避開淺礁。
- 看到鯊魚島就分東西邊了。
- 對向有船隻，或是旁邊有船隻停泊時，減速慢行。

## 出海旗幟標示

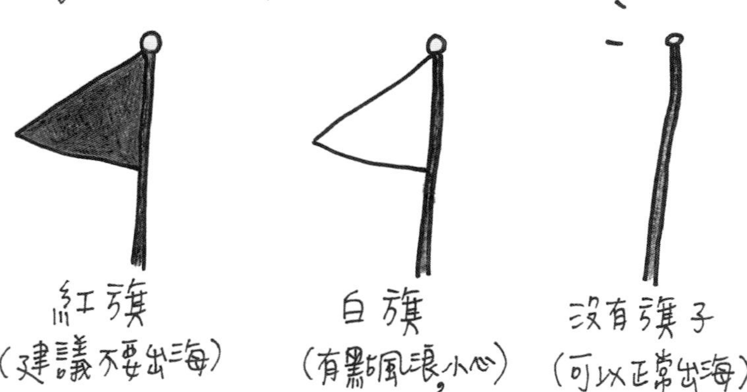


## 為什麼洛克群島長得像蘑菇一樣

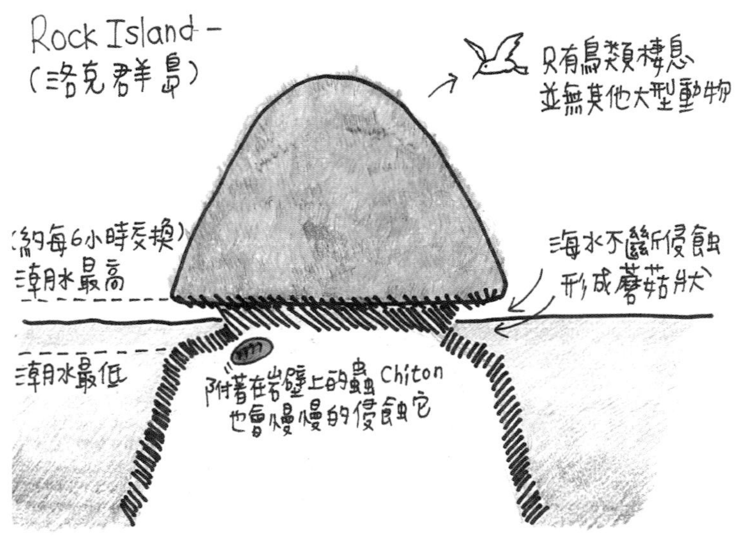

# 後記

早上八點鐘，我的手機鬧鐘響了。

「啊！我八點半要接日暉飯店的客人！快來不及了！」

正慌慌忙忙要爬起床時，環顧四周，才發現我明明就是在台北的家裡，於是我又捲曲回被窩裡。回台灣好一陣子了，我還是常常會有這樣的錯覺。

我在 2016 年的 5 月正式結束帛琉的工作，回到台灣。

（對！也就是水母湖的水母開始消失的時候。）

回到都市生活的我，種種的不適應讓我感到渾身難受。無法自在地素顏，穿著背心、夾腳拖在路上逛大街；第一次忘了「歐兜邁」怎麼發動；忘了大門鑰匙放在哪；不知道紅燈要停在哪條線；不知道朋友都約在哪間餐廳吃飯；聽不懂他們最近在追的劇；在人來人往的火車站，總是搞不清楚方向撞到人。

總之，我覺得自己格格不入。

有那麼一瞬間，我好討厭自己，覺得什麼事情都做不好。但是還好這個念頭並沒有持續太久，我開始思考，這五年我到底錯過了什麼，又得到了些什麼東西。我晒了一身黝黑的肌膚，長了一些小雀斑，多了一些皺紋。我開始健身，我會自己煮飯了，我能夠照顧好自己，我越來越珍惜和家人相處的時間，我更了解自己喜歡的和不喜歡的，我變得正面而且更愛笑了。我開始學會感恩，於是那些錯過的事情好像就不再這麼重要。

謝謝大海，謝謝帛琉。

回家之後，我埋頭把這本書給打完，總算是完成了自己一個小小的夢想。同時，也再次證明了我無法在辦公室盯著螢幕上班這回事。（每天盯著螢幕我真的會瘋掉啊！）

突然 FB Messenger 的視窗跳出來，一個老朋友傳給我一張照片，照片上有一個人靜靜著躺在海平面，看起來好平靜，好舒服。太可惡了，有這麼漂亮的地方居然不告訴我！下一行他打著「愛妮島」三個大字！

這時正在憂愁的我，似乎得到了什麼靈感，不小心眼睛笑瞇了。我知道，結束通常不是終點，而是另一段旅程的起點。看來我可能要離開都市一陣子，而且這個一陣子又不知道會是多久了。

最後，感謝看書的你們，相信愛海的我們一定會在某個海邊相遇的。

☺ ☺ ☺

# 藍色琉璃海：
# 南太平洋的天堂祕境，帛琉

作　　者　馮凌惠

發 行 人　林敬彬
主　　編　楊安瑜
副 主 編　黃谷光
責任編輯　黃谷光
插　　圖　Lesley Hwang、Micky Jd（魚類圖鑑）
內頁編排　黃谷光
封面設計　彭子馨（Lammy Design）
編輯協力　陳于雯
出　　版　大旗出版社
發　　行　大都會文化事業有限公司
11051 台北市信義區基隆路一段 432 號 4 樓之 9
讀者服務專線：（02）27235216
讀者服務傳真：（02）27235220
電子郵件信箱：metro@ms21.hinet.net
網　　址：www.metrobook.com.tw
郵政劃撥　14050529　大都會文化事業有限公司
出版日期　2017 年 07 月初版一刷
定　　價　420 元
ISBN　978-986-95038-0-8
書　　號　Forth-021

First published in Taiwan in 2017 by Banner Publishing,
a division of Metropolitan Culture Enterprise Co., Ltd.


4F-9, Double Hero Bldg., 432, Keelung Rd., Sec. 1, Taipei 11051, Taiwan
Tel: +886-2-2723-5216　Fax: +886-2-2723-5220
Web-site: www.metrobook.com.tw
E-mail: metro@ms21.hinet.net



大旗出版 BANNER PUBLISHING

Contents Photography: All photos are from Rachel Feng, except some from Richard Barnden (P70~75).

國家圖書館出版品預行編目（CIP）資料

藍色琉璃海：南太平洋的天堂祕境，帛琉 / 馮凌惠. -- 初版. -- 臺北市 : 大旗出版 : 大都會文化發行, 2017.07
288 面 ; 23×17 公分

ISBN 978-986-95038-0-8（平裝）

1. 遊記 2. 帛琉

776.99　　106010112